...Es gibt keine Sicherheit, nur verschiedene Grade der Unsicherheit...

Anton Pawlowitsch Tschechow (1860 - 1904)

Dramatiker

Sebastian Hein

WORDPRESS ABSICHERN

IT Sicherheit für Ihre Webseite und Blog - Schutz vor Hacker!

Wordpress Absichern IT Sicherheit für Ihre Webseite und Blog - Schutz vor Hacker!
ISBN: 9781791365646
1. Auflage Dezember 2018
Autor Sebastian Hein

Kontaktmöglichkeit:
Bei Fragen, Lob, Kritik oder weiteren Anliegen können Sie sich gerne mit mir über die folgenden E-Mail Adressen in Verbindung setzen.

www.heinsebastian.de
E-Mail: feedback@ heinsebastian.de

Herausgegeben von: Sebastian Hein, E-Commerce, Online Marketing, IT und Computer Service, Derler Straße 14, 66359 Bous, Deutschland. Texte, Einband- und Innengestaltung: Sebastian Hein

Bibliografische Information der Deutschen Nationalbibliothek:
Die Deutsche Nationalbibliothek verzeichnet diese Publikation in der Deutschen Nationalbibliografie; detaillierte bibliografische Daten sind im Internet über http://dnb.d-nb.de abrufbar.

Hinweise zum Buch:

Backup

Bei den hier gezeigten Lösungsvorschlägen und Codes wird wie bereits im Haftungsausschluss beschrieben, keine Verantwortung, Haftung, Gewährleistung, Garantie oder Ähnliches übernommen, sollte es zu Fehlern an Ihrer Webseite, Blog oder Datenbank kommen. Bevor Sie irgendwelche Änderungen vornehmen, sollte unbedingt eine Sicherheitskopie, ein sogenanntes Backup Ihrer kompletten Webseite, dem Wordpress Installationsverzeichnis und der Datenbank angelegt werden. So kann im Schadensfall der originale Zustand kinderleicht, binnen weniger Minuten, wieder hergestellt werden. Dazu kopieren Sie einfach das komplette Root Wordpress Installationsverzeichnis, per (S)FTP und einem FTP Client, auf Ihren lokalen Computer. Um die Datenbank zu sichern, loggen Sie sich bei Ihrem Hosting Anbieter ein und greifen auf Ihre MySQL Datenbank zu. Dort finden Sie im Reiter den Punkt Datenbank sichern bzw. exportieren. Beide Schritte sind in gut 5 - 10 Minuten erledigt und können Ihnen im Ernstfall viel Ärger ersparen. Ohnehin wird im Buch genau erklärt wie dies umzusetzen ist und gehört zu den ersten Basic Schritten, welche man umsetzen sollte.

Code-Schnipsel

Zu den im Buch aufgeführten Code-Schnipsel ist zu erwähnen, dass diese von mir selbst geschrieben, angepasst, oder aus frei zugänglichen, nicht näher betitelten, oder kennzeichnungspflichtigen Online-Quellen stammen.

Was dieses Buch nicht ist

Dieses Buch ist kein abgehobenes, künstlich verkompliziertes, oder unnötig in die Länge gezogenes Werk, um den Leser zu demotivieren. Es werden keine Angriffstechniken ausführbar erklärt, oder darüber philosophiert. Es wird auch nicht jedes Stückchen Code aufgedröselt und analysiert. Es handelt sich um kein Programmier- oder Entwicklerhandbuch und es bezieht sich einzig und allein auf Webseiten und Blogs basierend auf Wordpress, obwohl einiges auch anderweitig Verwendung findet. Es handelt sich um keine wissenschaftliche Abhandlung über IT Sicherheit bezüglich in der Webentwicklung.

Ihre Bewertung

Bitte bedenken Sie dies bei Ihrem Urteil über das Ihnen vorliegende Buch und bleiben fair in der Bewertung. Wer ein Fahrrad kauft kann kein Motorrad erwarten. Über eine faire Bewertung auf Amazon würde ich mich jedoch sehr freuen.

@ Kontakt

Sie haben Fragen, Kritik, Verbesserungsvorschläge, oder suchen einfach nur den Kontakt zu mir, dann können Sie mich gerne unter folgender E - Mail Adresse kontaktieren: feedback@heinsebastian.de.

Texte, Einband- und Innengestaltung

Texte, Einband- und Innengestaltung wurden durch mich erstellt, man beachte, dass ich weder Grafiker noch Buch Designer bin. In meinen Werken stehen die Informationen im Fokus, nicht die Optik.

Schriftgröße & Zeilenabstand

Im Buch wurde für den Hauptteil die Schriftgröße 12 px gewählt, bei Bildbeschriftungen 10px, bei Quellangaben und Code 9px, um einen angenehmen Lesefluss für das Auge zu gewährleisten. Übliche Schriftgrößen liegen bei diesem Format zwischen 10 px und 12 px. Damit liege ich hier im oberen Standardbereich. Der Zeilenabstand liegt ebenfalls im Standardbereich bei 1,0 bis 1,15 Pt. Hier sollte nichts in die Länge gezogen oder aufgebläht werden. Es dient allein der optimierten Lesefreundlichkeit und übt insgesamt keinen nennenswerten Unterschied auf die Seitenzahl oder den Preis aus. Ich selbst bevorzuge größere Schrift, da dabei die Augen nicht so schnell ermüden und man länger arbeiten kann. Daher bitte ich Sie über das subjektiv empfundene, größere Schriftbild hinwegzusehen. Sehen Sie es positiv und ergänzen Sie leere Stellen mit eigenen Notizen.

Lektor, Tippfehler

Für ein professionelles Lektorat stand kein Budget zur Verfügung. Es könnten sich daher, hier und da Tippfehler eingeschlichen haben. Ich bitte darüber hinwegzusehen

Inhaltsübersicht

Wordpress Absichern: IT Sicherheit für Ihre Webseite und Blog – Schutz vor Hacker!

Prolog

Über den Autor

Sebastian Hein ist gelernter Fachinformatiker für Systemintegration, mit zusätzlichem Werdegang als IT Techniker für Computertechnik. Sein Fokus liegt neben der Systemintegration auf Web-Programmierung, IT Sicherheit, E - Commerce und Online Marketing als Online Unternehmer.

Neben mehreren Firmen die er bereits gründete, baut er sein Firmennetzwerk kontinuierlich aus und bietet ein breites Segment an Dienstleistungen in der IT und EDV Landschaft an. Von der klassischen Computer Reparatur, Virenentfernung, sowie Datenwiederherstellung über Netzwerk- und Sicherheitstechnik bis hin zur Webprogrammierung, Schulungen, Beratungen und Erstellen individueller Lösungen, ist sein IT Systemhaus, der zentrale Anlaufpunkt für alle Anliegen rund um den Computer.

Außerdem ist er ausgebildete professionelle Sicherheitskraft mit breitem Erfahrungsspektrum aus der privaten Sicherheitswirtschaft. Er war ehemals tätig bei der saarländischen Polizei und beschäftigt sich neben der IT, in der er 15 Jahren Erfahrung vorzuweisen hat, auch seit vielen Jahren, intensiv seit Anfang 2010 mit der Thematik Krisenvorsorge, Selbstversorgung, Prepper und Survival.

Vorwort

Warum schreibe ich dieses Buch, obwohl zu Zeiten des Internets, so gut wie alles online verfügbar ist. Das möchte ich damit beantworten, dass man erst mal wissen muss, nach was man überhaupt sucht. Wenn ich über die Thematik Wordpress Sicherheit nichts weiß, muss ich mit übergeordneten Schlagworten, wie Wordpress Sicherheit, suchen und erstmals sehr lange recherchieren.

Ob die Flut an Informationen dann seriös, komplett oder überhaupt (noch) brauchbar ist, ist für einen Laien oft schwer zu erkennen. Viele Blogs, Webseiten und Foren schreiben dazu recht oft ab und wissen meistens gar nicht was genau sie da verbreiten. Support findet man nur selten, wenn überhaupt.

Leider sind die meisten Anleitungen nur sehr marginal, oberflächlich, künstlich verkompliziert, oder einfach nur schlecht bis hin zu nicht brauchbar. Natürlich nicht alle, es gibt auch durchaus gute Blogs und Webseiten. Einige beschriebene Dinge im Buch werden Sie daher auch online wiederfinden, was aber daran liegt, dass ich nicht der Erfinder des Rads bin und es nicht neu erfinden kann oder werde.

Bis man online nützliche Infoformationen gefunden hat, vergehen meistens Tage und unzählige wertvolle Stunden, durch ewiges Suchen. Dazu kommt noch, dass niemand weiß auf welchen Seiten Sie sich dafür herumtreiben müssen und ob diese Ihren Computer nicht über Drive-by-Downloads mit Viren und Malware infizieren.

Darüber hinaus ist Ihre Zeit viel zu kostbar, um sich diesen Mühen auszusetzen und sicherlich mehr wert als der Kaufpreis dieses Buches. Sie kaufen letztlich nicht das Buch, sondern Sie bezahlen dafür alles ordentlich gegliedert, zentral gebündelt an einer Stelle zu haben, zum direkten umsetzen, um nicht Ihre Zeit mit Problemen verschwenden zu müssen, die andere schon gelöst haben. In dieser gewonnen Zeit können Sie sich auf Ihr eigentliches Kerngeschäft fokussieren und auf Ihre Aufgaben konzentrieren.

Bei den ganzen Büchern im Handel und Wordpress Kompendien mit hunderten bis tausenden Seiten ist es ähnlich. Diese teilen sich alle dasselbe Schicksal, wie sämtliche IT-Lektüre, welche eine riesige Masse an Informationen bereithalten oder abarbeiten. Die Sicherheit bzw. die gewünschte Thematik, ist meistens nur ein Randthema, welches mit ein paar wenigen Seiten und absoluten Standarddingen, sowie wenigen Sätzen abgehandelt wird.

Hier setze ich mit meinem Buch an. Ich gebe eine klar strukturierte Linie vor, mit Praxiswissen und genau erklärten detailreichen Anleitungen, zu genau einem dieser Randthemen, der Wordpress Sicherheit, zum einfachen Nachmachen. Darüber hinaus liefere ich viele wertvolle Hintergrundinformationen und gebe Programmtipps, mit denen Sie das hier beschriebene bequem umsetzten können, sowie ein sicherer Betrieb Ihres Onlineauftritts möglich ist.

Mit diesem Buch sind Sie letztlich fähig, alleine, in weniger als 24 Stunden, Ihre Seite fachmännisch adäquat zu sichern. Abschließend stehe ich mit meinen Lesern in Kontakt und gebe gerne Support zu Anliegen, rund um die IT Sicherheit bei Wordpress-Installationen.

In diesem Sinne wünsche ich Ihnen viel Spaß beim Lesen.

Vielen Dank und beste Grüße

Sebastian Hein

Welche Zielgruppe soll das Buch erreichen?

Mittlerweile basiert statistisch gesehen jede dritte Website im World Wide Web auf Wordpress und täglich werden es mehr. Das Content Management System (CMS) Wordpress erfreut Tag für Tag neue Nutzer und so wachsen die Nutzerzahlen stetig und beständig. Es wird quer durch sämtliche Bevölkerungsschichten, von Anfängern gleichermaßen, wie von Profis genutzt. Genauso breit ist auch die Zielgruppe gestreut, das Buch zielt also potenziell auf jeden dritten Webseitenbetreiber, der Wordpress nutzt ab.

Von privaten Leuten, die auf ihrer Homepage Urlaubserlebnisse und Bilder mit Freunden und Verwandten teilen, über Personen die über ihr Hobby schreiben, oder über die Welt bloggen, Selbständige welche auf ihre Firma und Angebote aufmerksam machen, Web-Agenturen die im Kundeauftrag Seiten erstellen oder Onlinemarketer die z.B. ihre Nischenseiten oder Verkaufsseiten etc. absichern wollen. Diese Nutzer verbindet allesamt eine Gemeinsamkeit, alle haben viel Arbeit, Zeit und Geld in ihre perfekte Webseite gesteckt. Doch leider vernachlässigen allesamt gerne einen Punkt, die Sicherheit ihrer Homepage.

Nur wenige unaufmerksame Klicks, fehlende Updates, ein zu leichtes Passwort oder die zu spät bemerkte Sicherheitslücke und schon ist die eigene Seite infiziert und kann als SPAM Schleuder und Link Farm dienen, in einem Bot Netz eingebunden werden, den Eigentümer komplett aussperren und vertrauliche Daten ausspionieren. Neben diesen Szenarien können auch sämtliche Inhalte, SEO Optimierungen, Links uvm. gelöscht, verändert oder sonst wie manipuliert werden.

Dazu wird Google den Seitenbetreiber womöglich noch abstrafen, die gehackte Webseite aus dem Suchmaschinenindex nehmen und den Betreiber so in die Vergessenheit katapultieren. Nichts ist für Webseitenbetreiber schlimmer, insbesondere für Selbstständige und explizit für jene, die mit Ihrer Webseite oder Blog Geld verdienen, nicht bei Google gefunden zu werden. Wer Ärger mit dem Marktführer Google hat, der hat online leider verloren und kann seine Seite auch sofort komplett offline nehmen, weil alles andere ein aussichtsloser Kampf gegen Windmühlen wäre.

Damit dies nicht passiert, sollte jeder Webseitenbetreiber der Wordpress nutzt, dieses Buch lesen und seine Seite adäquat absichern, um Scriptkinder, Trolle und Hacker erfolgreich abzuwehren. Abschließend kann man sagen, dass dieses Buch, vom Anfänger bis zum Profi, für jeden geeignet ist.

Jeder kann diese Tipps umsetzen, selbst ohne Programmierkenntnisse, Englisch oder Vorwissen in der IT Sicherheit. Wer in der Lage ist Wordpress aufzusetzen, was hier ebenfalls beschrieben wird, ist mit diesem Buch auch in der Lage seine Wordpress Seite abzusichern.

Alle Einstellungen und Schritte werden sehr ausführlich erklärt, sowie gezeigt, wo man welche Code Spippets einfügen muss, wenn diese nötig sind. Mit diesem praxisnahen, einfach verständlich geschriebenen und effektiven Ratgeber, steht der sicheren Webseite nichts mehr im Wege.

Einleitung

Es gibt keine 100%ige Sicherheit
No System Is Safe

Um gleich von Anfang an mit Klischees, Halbwissen und Träumereien aufzuräumen, es gibt keine einhundertprozentige Sicherheit. Auch mit diesem Buch wird Ihnen eine solche Umsetzung nicht möglich sein. Es kann immer etwas schief gehen und in der Regel tut es dies auch. Wer Murphy´s Law *(Murphys Gesetz)* kennt, weiß was ich meine. ***„Anything that can go wrong will go wrong“*** also ***„Alles was schiefgehen kann, wird auch schief gehen“.*** Auch diverse Regierungsvereine können davon ein Lied singen. Selbst die NSA als eigenernannte „Wächter“ des Internets, mit unbegrenzten Mitteln wurden selbst schon öfter Opfer von Hackern und deren Angriffen. Dies verdeutlicht doch ganz gut die Worte **„No system is safe“**.

Dennoch können wir eine sehr hohe Sicherheit von annähernd 99% aufbauen und erhalten, wenn wir gewissenhaft arbeiten und kontinuierlich dahinter bleiben. Denn IT Sicherheit ist keine einmalige Sache, sondern sie möchte gepflegt und gehegt werden. Wer dieser Thematik hingegen stiefmütterlich gegenübertritt, dem sei versichert, früher oder später wird das eigene System infiltriert werden und dann ist es meist zu spät, um aktiv zu werden. Wer sich viel Geld, Zeit und Stress ersparen möchte, sollte gleich von Anfang an auf seriöse Hosting-Anbieter, Plug-Ins, Quellen, einen sauberen Code und eine penible Umsetzung bei dem Aufsetzen, der Programmierung, sowie Optimierung seiner Wordpress Installation und Datenbank setzen.

Dies sind alles Punkte um Pseudohacker, Blender, Script Kids, und den größten Teil der richtigen Black-Hat Hacker so richtig die Laune zu vermiesen, dass diese sich ein neues Ziel suchen. Dies kann man gut mit zwei Häusern vergleichen, bei denen eins mit Einbruchschutztechnik und einer Alarmanlage ausgestattet ist und eins nicht. Wo geht der Einbrecher wohl hin? Richtig, zum leichterten Ziel ohne Schutzmaßnahmen. Bei der Online Kriminalität ist es ebenso, warum Zeit und Ressourcen auf einer gesicherten Seite verschwenden, wenn ein Klick weiter eine ungesicherte wartet.

Natürlich gibt es immer einen der besser ist als man selbst und das System umgehen kann, glückerweise sind diese Personen rar gesät und werden sich wohl nicht für Ihre Webseite oder Ihren Blog interessieren. Wer entsprechendes Know How besitzt, wird wohl eher auf finanziell sehr lukrative Ziele aus sein, sich für solche Aufträge anheuern lassen oder seine Dienste teuer in Penetrationstests verpacken und auf dem Markt anbieten.

Wer sich für den physikalischen Einbruchschutz interessiert, dem kann ich mein Buch „**PREPPER Serie Einbruchschutz: Effektiver Einbruchschutz für Häuser, Wohnungen und Grundstücke**" mit der ISBN-10: 1549582526 *Werbung ans Herz legen. Mit diesem kann jeder Hobbyhandwerker, kostengünstig und effizient das Eigenheim zur Festung umbauen. My Home is my Castle. Denn auch bauliche Maßnahmen spielen eine bedeutende Rolle in der IT Sicherheit.

Was bringt eine top abgesicherte Website, wenn einfach der eigene Computer, mit den gespeicherten Passwörtern und Daten gestohlen wird. Daher sollten Sie sich auch um den physikalischen Schutz Ihrer Hardware und über deren Zugang Gedanken machen. Wie man den eigenen Computer lokal sichert, dass niemand etwas damit anfangen kann, beschreibe ich ebenfalls in diesem Sachbuch. Wie man ein Haus oder eine Wohnung gegen Einbrecher sichert allerdings nicht, hierfür verweise ich auf mein weiter oben genanntes Buch.

Nützliche Programme

An dieser Stelle möchte ich kurz die wichtigsten kostenlosen Programme vorstellen, welche im Buch immer wieder erwähnt und genutzt werden. Dies erleichtert das Arbeiten und Sie müssen keine Zeit damit verschwenden, sich passende Programme im Internet zu suchen. Natürlich sind dies nur Empfehlungen von mir, es können jederzeit andere Programme genutzt werden.

Notepad++

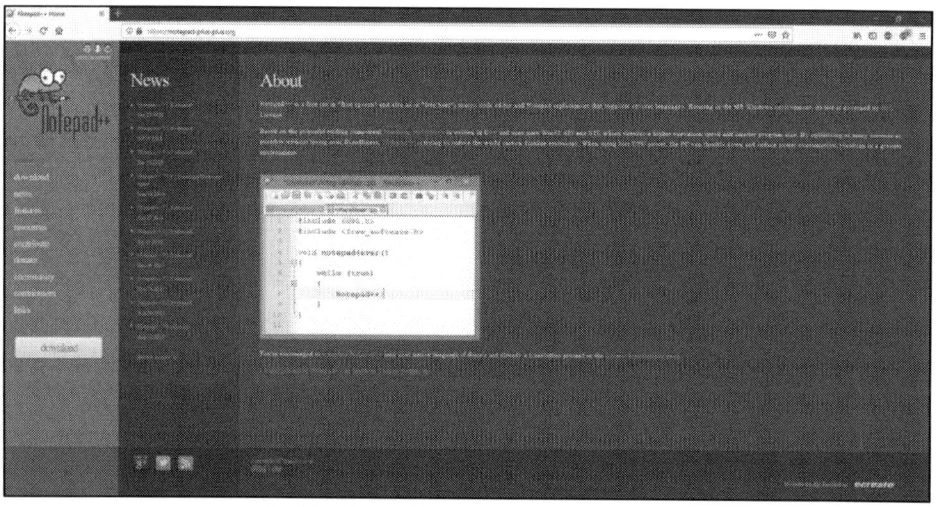

Quelle: https://notepad-plus-plus.org/

Notepad++ ist ein mächtiger Texteditor für Windows und gehört zu den beliebtesten Open Source Programmen unter Entwicklern. So ist der Codeeditor mit zahlreichen Funktionen ausgestattet, hebt Programmier-Anweisungen und Blöcke farbig hervor (Syntax-Highlighting) und ist erweiterbar.

FileZilla

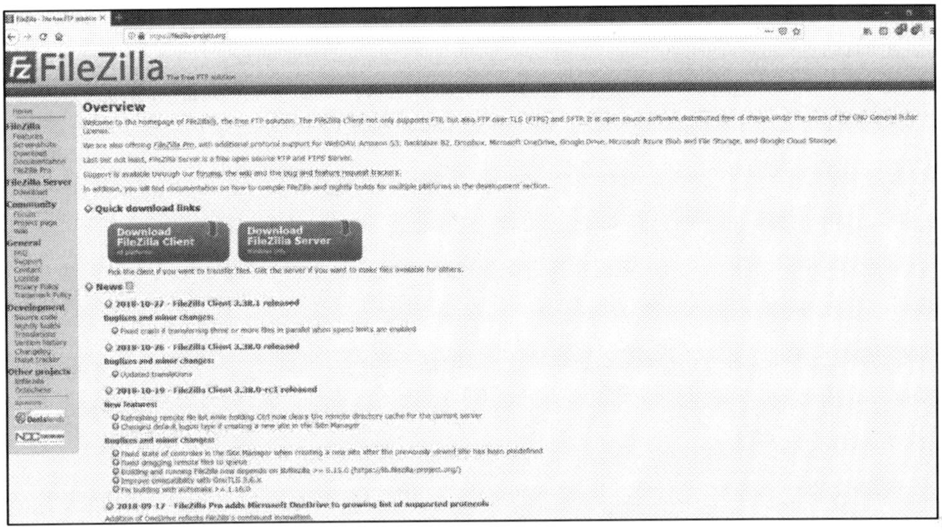

Quelle: https://filezilla-project.org/

FileZilla ist eine freie Server- und Client Software zur Datenübertragung mittels SFTP und FTP. Die Software, speziell der FileZilla Client, ist der FTP Client Nummer eins. Der Quellcode ist offen.

Avira free Antivirus

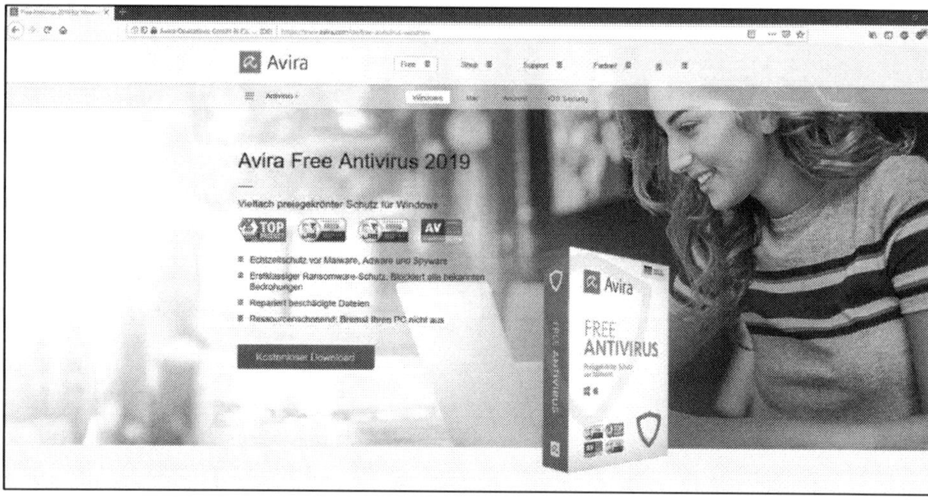

Quelle: https://www.avira.com/de/free-antivirus-windows

Avira free Antivirus ist wie der Name schon verrät eine Antivirensoftware. Seit Jahren eine Institution im Kampf gegen Computer Viren. Neben der kostenlosen Version steht auch eine kostenpflichtige Premiumversion mit vielen weiteren Funktionen bereit.

Malwarebytes

Quelle: https://de.malwarebytes.com/

Malwarebytes Anti-Malware ist ein Malware Scanner der bösartige Dateien auf Ihrem Computer aufspürt und löscht. Neben der kostenlosen Version steht auch eine kostenpflichtige Premiumversion mit vielen weiteren Funktionen bereit, wie z.B. der Exploit Schutz welcher Exploit und Zero-Day-Angriffe verhindert, ein Ransomwareschutz gegen Verschlüsselungsangriffe, Rootkit Scanner und mehr. Im Jahres-Abo für 25,95€ eine gute Investition für alle die mehr als nur die kostenlose Version bevorzugen und einen perfekten Schutz vor Malware wünschen.

7-Zip

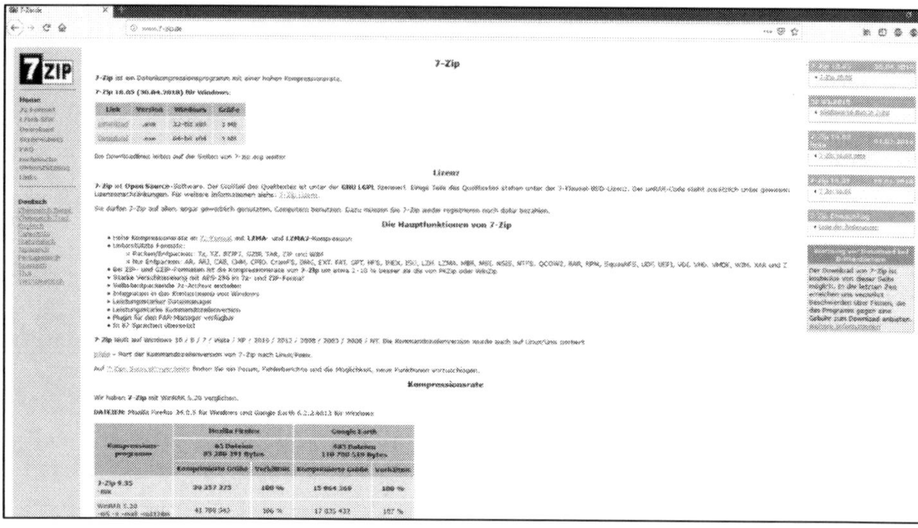

Quelle: http://www.7-zip.de/

7-Zip ist eine kostenlose, sehr beliebte Packer-Software bzw. ein Packprogramm oder umgangssprachlich auch „Entpackungssoftware“ für Windows Systeme. Damit werden Dateien komprimiert, also gepackt oder dekomprimiert also entpackt. Damit kann man Dateien verkleinern und spart dadurch Speicherplatz und Zeit bei den Übertragungsraten in Netzwerken oder beim Download im Internet.

VeraCrypt

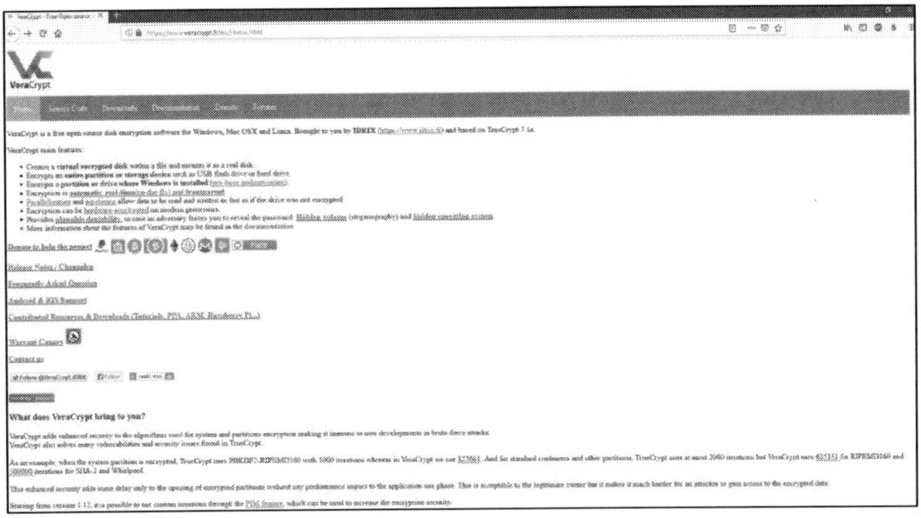

Quelle: www.veracrypt.fr

VeraCrypt ist der inoffizielle Nachfolger von TrueCrypt, bzw. ein Fork dessen. VeraCrypt ist eins der sichersten und bis heute nicht geknackten Datenverschlüsselungs-Programmen auf dem Markt. Bekannte Fehler von TrueCrypt auf dessen Quellcode das Programm basiert, wurden mit der Version 1.19 korrigiert. Dazu sind das Programm Open-Source und der Quellcode voll einsehbar.

Virtual Box

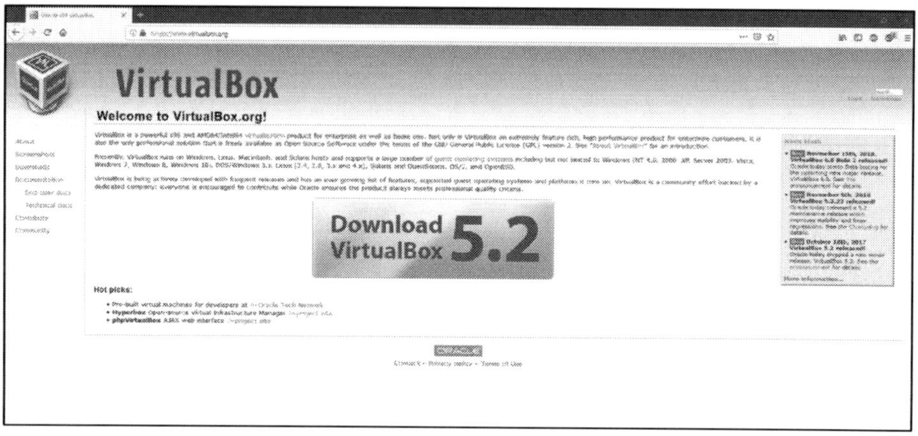

Quelle: https://www.virtualbox.org/

Virtual Box ist eine Virtualisierungssoftware von Oracle, mit der auf einer Vielzahl von Betriebssystemen, auf x86- (32 Bit) und oder x86-64-Systemen (64 Bit) Wirtssystemen, virtuelle Maschinen mit ebenfalls x86 oder x64 Betriebssystemen erstellt werden können. Es ist ein sehr komplexes Virtualisierungs- und Emulationsprogramm, dass viele Erweiterungen wie Treiber und Kernel Module mitliefert. So kann man hermetisch getrennte Testumgebungen erschaffen, ohne das eigene System zu gefährden.

XAMPP

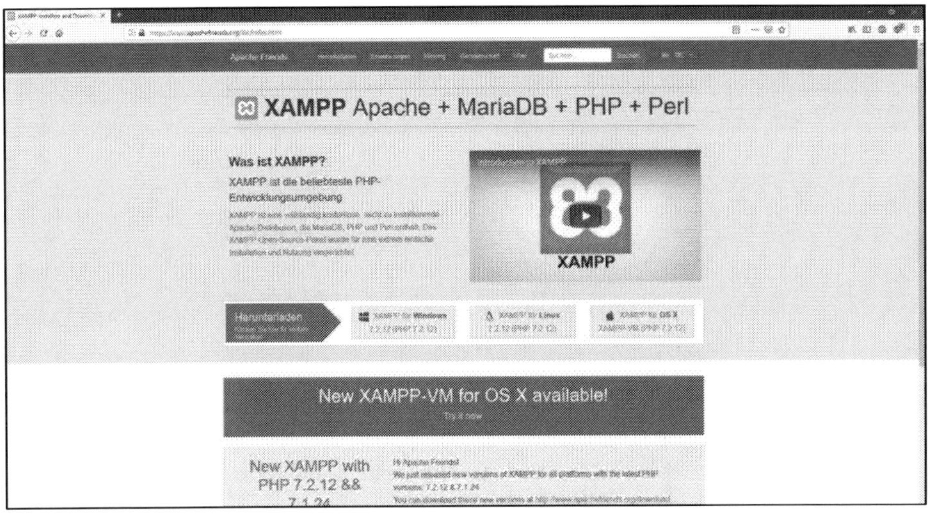

Quelle: https://www.apachefriends.org/de/index.html

XAMPP ist die beliebteste PHP Entwicklerumgebung, mit der man unter anderem mit dem inkludierten Dienst Apache (Server) und MySQL (Datenbank) eine lokale Wordpress Installation auf dem eigenen Computer erstellen kann, z.B. aus Test-, Übungs- oder Entwicklungsgründen.

Elementarer Grundschutz

Nun geht es ans Eingemachte. Bevor ich aber zu dem eigentlichen Thema, der Wordpress Sicherheit und dem Absichern der Installation, der Datenbank und den Servern komme, worauf sich alles abspielt, möchte ich kurz und knapp auf die wichtigsten Basics eingehen. Erst wenn das Fundament sicher vorbereitet ist, kann man darauf etwas Großes erschaffen.

Die sichere Arbeitsumgebung

Um überhaupt eine sichere Wordpress Installation gewährleisten zu können müssen Sie zunächst die Arbeitsumgebung vorbereiten und säubern. Die Rede ist vom dem eigenen Computer bzw. dem Arbeitsplatz, von dem man die eigenen Webseite oder Blog aufsetzt und betreut. Ist dieser mit Viren, Trojaner, Adware, Malware, Spyware oder ähnlichem verseucht handelt es sich um eine potenzielle Schwachstelle und nicht nur für die eigene Homepage.

Daher sollten die folgenden Basics befolgt werden. Das Betriebssystem und alle genutzten Programme sollten immer auf dem neusten Stand sein, was mit regelmäßigen Updates zu erreichen ist. Neben einem **Virenscanner** wie z.B. **Avira Free Antivirus**, sollte unbedingt ein **Malwarescanner**, wie **Malwarebytes Free** oder ähnlich installiert sein und permanent im Hintergrund laufen.

Wurden diese elementaren Dinge beherzigt, sollte man hintereinander beide Scanner, das System scannen lassen, während sonst nichts anderes ausgeführt wird. Werden diese fündig, so löscht man die betroffenen Dateien und scannt erneut. Zur Kontrolle kann man durch ein weiteres Virenschutzprogramm, z.B. mit **Hitman Pro** die Gegenprobe machen. Wer noch einen Schritt weiter gehen möchte, bootet von einer Live DVD, z.B. **Kaspersky Rescue Disk**, so findet man auch die letzte Schadsoftware und Rootkits etc. auf dem Rechner. Systemreiniger wie das Programm **Malwarebytes AdwCleaner** entfernt unerwünschte Adware, Toolbars und Hijacker. Mit dem **CCleaner** werden automatisch unnötige (System) Dateien gelöscht und wenn gewünscht auch die Registry gesäubert. Wurden diese Tipps umgesetzt sollte Ihnen jetzt eine saubere Arbeitsumgebung zur Verfügung stehen.

Hardware Hacks

Gehen Sie sicher, dass an Ihrem PC kein physikalischer Keylogger oder andere manipulativen Gerätschaften angeschlossen sind, welche Tastaturanschläge oder sonstige Daten mitlesen und abgreifen. Es ist heute ein leichtes, für wenige bis ein paar Hundert Euro, allerlei an Spionage Hardware und Gadgets zu bekommen. James Bond wäre neidisch.

Der sichere Browser

Da Sie bei Wordpress viel im Backend über einen Internetbrowser arbeiten werden, sollten Sie von Anfang an einen Browser wählen, der relativ sicher ist oder sehr sicher konfiguriert werden kann. Ich würde Ihnen an dieser Stelle den Mozilla Firefox Browser empfehlen, welcher eine gute Basis bildet. Mit eigenen Anpassungen sind Sie damit auf der sicheren Seite.

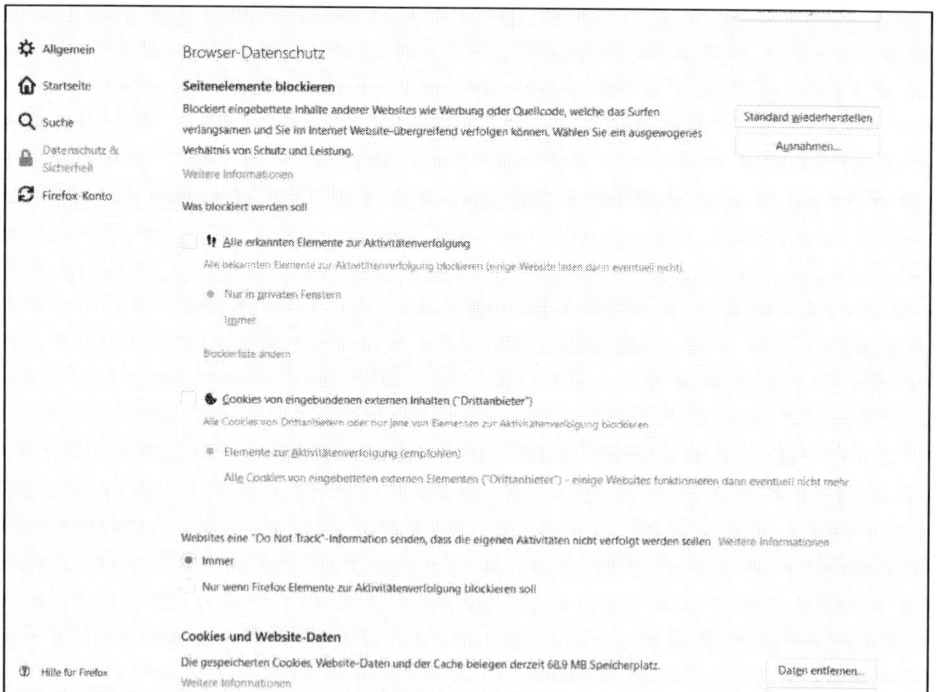

Quelle: Mozilla Firefox Einstellungen

Neben den normalen Einstellungen unter Datenschutz & Sicherheit, setzten Sie die Harken so, dass alle erkannten Elemente zur Aktivitätenverfolgung blockiert werden, immer ein "Do Not Track" für Webseiten gesendet und der Cache und Cookies nach dem beenden von Firefox automatisch gelöscht wird. Passwörter werden nicht gespeichert, Standort, Kamera und -Mikrophonrechte deaktiviert, ebenso wie die technische Datenerhebung und Übertragung von und durch Firefox selbst.

Unter dem Punkt Sicherheit, Schutz vor betrügerischen Inhalten und gefährlicher Software, sollten „gefährliche und betrügerische Inhalte blockieren", „gefährliche und betrügerische Inhalte blockieren und vor unerwünschter und ungewöhnlicher Software warnen" mit einem Harken aktiviert werden.

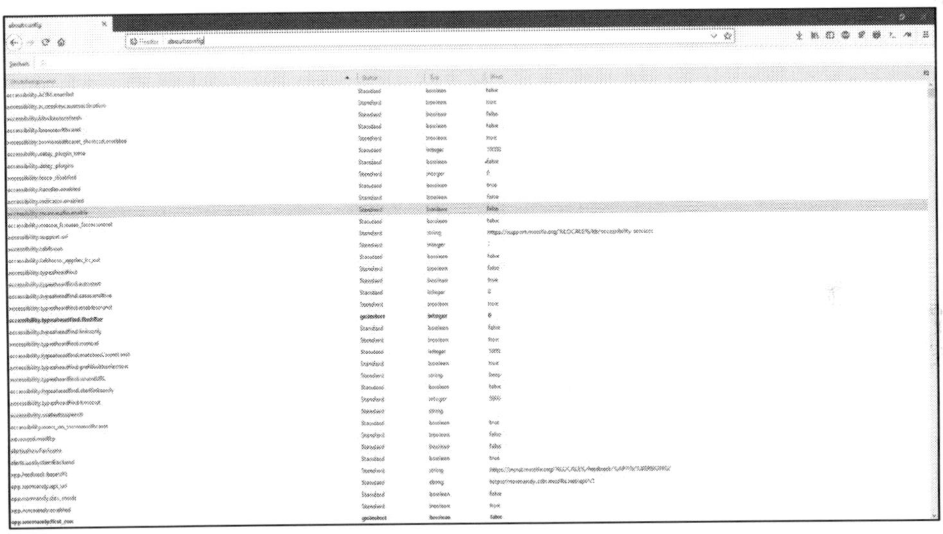

Quelle: Mozilla Firefox Einstellungen

Wer bei dem Firefox Browser, anstelle einer Domainadresse in das URL Feld about:config eingibt, kann dort noch viel regressivere Einstellungen vornehmen. Dies soll aber hier nicht das Thema sein, da es hier primär um Tracking und Datenschutzeinstellungen geht.

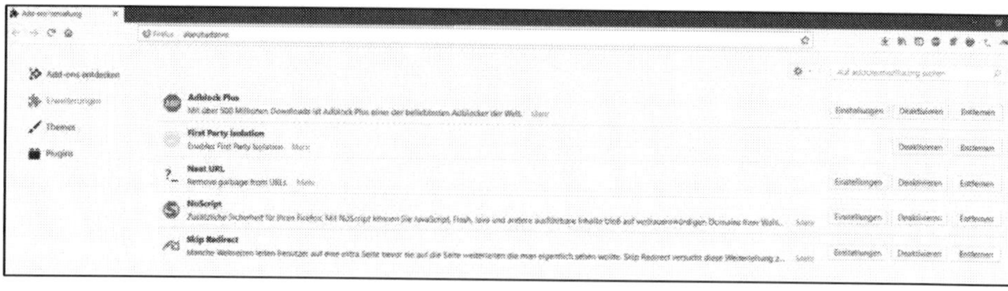

Quelle: Mozilla Firefox Einstellungen

Da Firefox von Haus aus keinen Schutz gegen XXS Angriffe hat, muss dies Funktion zwingend mit dem Addon NoScript nachgerüstet werden. Eine Werbeblocker wie z.B. Adblock Plus ist obligatorisch und gehört zum guten Ton. Weitere Addons wie First Party Isolation, Neat URL und Skip Redirect dienen dazu diverse Trackingmethoden zu unterbinden. Bevor man Addons einsetzt sollte man sich über die Funktion und Bedingung informieren.

Diese Einstellungen und Erweiterungen sind nur ein kleiner Auszug aus dem, was möglich ist, aber es reicht um Ihren Browser sicherer machen. Im Zusammenspiel mit all den anderen Tipps aus dem Buch, sollten Sie damit sehr sicher unterwegs sein, was Ihrer Wordpress Seite zu Gute kommt.

Das sichere Netzwerk

Neben dem Computer muss auch dringend das lokale Netzwerk sauber sein. Es bringt nichts wenn im eigenen Netzwerk, ein physikalischer oder Software Network-Sniffer installiert ist, der den Datenverkehr mitliest, aufzeichnet und Angreifer so später sämtliche Passwörter rausfiltern können. Diese Software kann sich unter anderem auf einem Router z.B. einer Fritzbox oder ähnlichen Geräten befinden oder darüber eingeschleust werden. Um dies vorzubeugen sollte auf Ihrem Router immer die aktuellste Firmware installiert und unnötig geöffnete Ports geschlossen werden. Neben der aktuellen Firmware sollten alle Ports überprüft werden. Dazu eignet sich z.B. das spezielle Sicherheits-(Live)-

Betriebssystem Kali Linux mit einer breiten Toolsammlung, um Sicherheitslücken aufzuspüren. Mit dem inkludierten Nmap werden alle Ports gescannt und man erhält eine ausführliche Einsicht, welche Ports an welchem System offen oder geschlossen sind. Natürlich gibt es Nmap und andere Netzwerkscanner auch für Windows und als einzelne lauffähige Programme in der Standalone-Version.

WLAN SNIFFER

Ist soweit alles sauber, sollten Sie noch einen Blick auf Ihr WLAN Setup werfen, falls vorhanden und im Betrieb. Da das WLAN Signal über Ihre Wohnung hinweg sendend, ist es ein leichtes im Auto, vor dem Haus das Signal abzufangen und sich Zutritt in Ihr Netzwerk zu verschaffen. Diesem Szenario sollte man auch vorbeugen. Ist man erst mal in einem Netzwerk drin, ist es ein leichtes Ihre Daten abzufangen oder mitzulesen.

Daher sollte Ihr WLAN Router immer auf der aktuellen Firmware betrieben werden. Achtung vor der WPA2-Lücke KRACK. Bekannt ist diese seit Oktober 2017, entdeckt wurde sie durch Forscher der Universität Leuven in Belgien. Als dies bekannt wurde reagierten viele Hersteller mit einem Patch und einer neuen Firmware, längst aber nicht alle und nicht für jedes Gerät. Für ältere Geräte sind je nach Hersteller meistens keine Sicherheitspatches vorhanden und dies erfordert dringend den Kauf eines neuen WLAN-Routers. Ob Ihr Gerät mit einem Patch gefixt werden kann oder wurde, entnehmen Sie bitte auf der Herstellerseite Ihrer Hardware über die Modellnummer und Firmware Version.

Ist die Firmware aktuell, sollten die Verbindungen nur mit WPA2 verschlüsselt werden. Außerdem sollten ausreichend starke und lange Passwörter, mit Klein- und Großschreibung, sowie Sonderzeichen genutzt werden. Dazu empfiehlt sich eine Whitelist (Filterliste mit positiven Einträgen) mit der MAC Adresse Ihrer Geräte. Dies bedeutet, dass nur Nutzer die das korrekte Passwort kennen, mit Computern deren MAC Adressen im WLAN Router auf der weißen Liste gespeichert sind,

Zugriff auf Ihr Netzwerk bekommen. Selbst wenn jemand Ihr Passwort kennt aber kein Gerät mit passender MAC Adresse besitzt oder dem System vorgaukeln kann, kommt er nicht rein.

Zusammengefasst alles Wichtige für ein sicheres WLAN

- Nutzen Sie ein starkes individuelles Passwort aus min. 28 Zeichen, Groß- und Kleinschreibung, Zahlen und Sonderzeichen.

- Senden Sie mehrere falsche SSIDs, also WLAN-Netzwerk-Namen aus, um Ihre richtige SSID zu verschleiern. Dazu sollten Sie die echte SSID auch nur versteckt im Hidden Modus senden.

- Grenzen Sie die WLAN Nutzung zeitlich ein und schränken Sie die Signalstärke ein.

- Nutzen Sie niemals das Einrichten über die PBC (Push Button Configuration), zu Deutsch: Einrichtung per Knopfdruck Funktion Ihres Routers.

- Nutzen Sie eine White List und tragen Sie nur MAC Adressen von Geräten ein die Sie in Ihr Netzwerk lassen wollen.

- Nutzen Sie nur Router, Repeater, Access Points mit der aktuellsten Firmware und verschlüsseln das Signal mit WPA2.

- Ändern Sie unbedingt das Herstellerpasswort und die Standard-IP-Adresse Ihrer Netzwerkgeräte (Router, Repeater, Access Points). Diese sind allgemein bekannt und so können die Geräte kinderleicht gekapert werden.

Sind alle Punkte abgehakt ist Ihr WLAN fast bombensicher, so muss ein Hacker lokal vor Ort sein, zur richtigen Zeit, an einer passenden Position, muss den SSID Namen, die MAC Adresse und die Passphrase herausfinden. Wie man sich denken kann ist dies sehr anstrengend, zeitintensiv und mühsam für einen potenziellen Angreifer.

Vertraue Niemanden, Social Engineering und Dumpster Diving

Social Enginnering / Hacking ist das gezielte ausspähen und manipulieren von Personen. Das Ausspähen kann online über soziale Netzwerke aber auch in der realen Welt z.B. in der Kneipe etc. erfolgen. Beliebt ist auch das Dumpster Diving, damit ist das durchsuchen des privaten Mülls, nach brauchbaren und vertraulichen Informationen gemeint. Damit konnten in der Vergangenheit schon Passwörter herausgefunden, Leute gezielt manipuliert, Einbrüche begangen und selbst ganze Identitäten gestohlen werden. Schreddern *(mit einem Kreuzschnitt)* oder verbrennen Sie Ihre Unterlagen, um dies zu vermeiden. Defekte Datenträger wie USB Sticks, DVDs oder Festplatten immer entmagnetisieren, physikalisch zerstören und in mehreren Etappen in verschiedenen Mülleimern entsorgen.

Verschlüsseln Sie Ihre Daten

Zum Verschlüsseln nutzt man z.B. das kostenfreie, Quellcode-offene, „offiziell" nicht mehr verfügbare Programm, **TrueCrypt** in der Version **TrueCrypt 7.1a,** welches aus mysteriösen Gründen, plötzlich von den Entwicklern, seit Juni 2014 eingestellt und als nicht mehr sicher deklariert wurde. Warum erwähne ich hier ein veraltetes, anscheinend nicht mehr sicheres Programm, dazu später mehr.

Um auf Nummer sicher zu gehen, sollten Sie aber lieber gleich den ebenfalls kostenfreien Quellcode-offenen, Fork VeraCrypt 1.23 nutzen. Dieses Programm basierend auf dem Quellcode-offenen TrueCrypt und wird seit dem Jahr 2012, als Abspaltung, eigenständig entwickelt. Man sollte immer auf die aktuelle Version zurückgreifen, die man normal nur von der offiziellen Entwickler Website downloaden sollte, bzw. wenn diese Offline sind, aus seriösen Quellen, wie z.B. von chip.de, per manuellen Download. Beide Programme gibt es als Installation und als Portable Version.

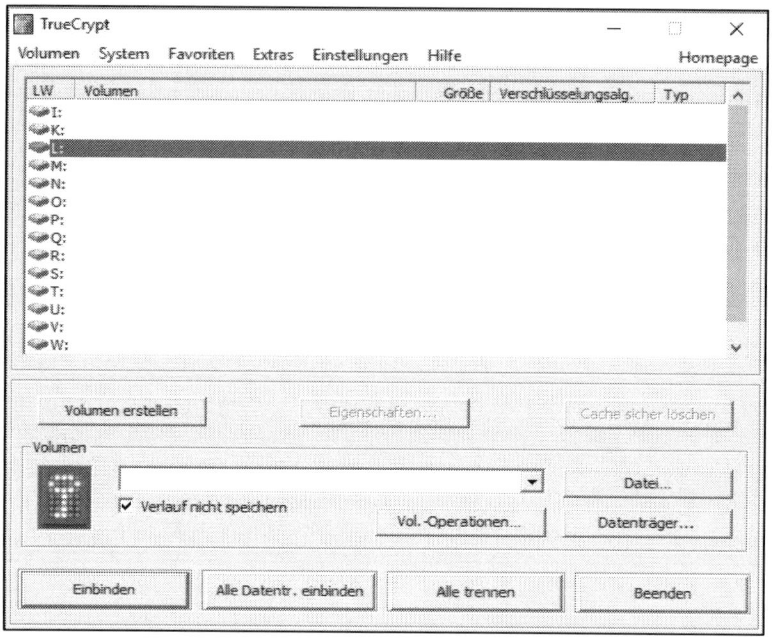

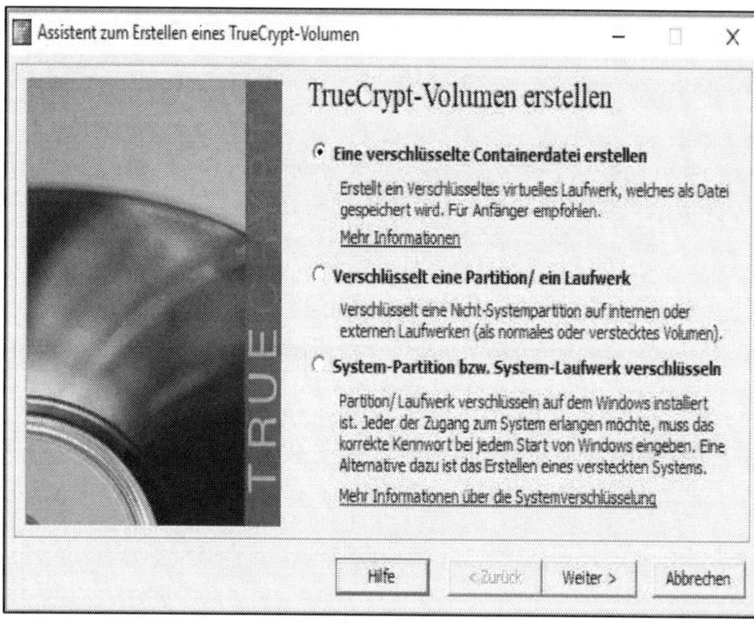

Quelle: TrueCrpt

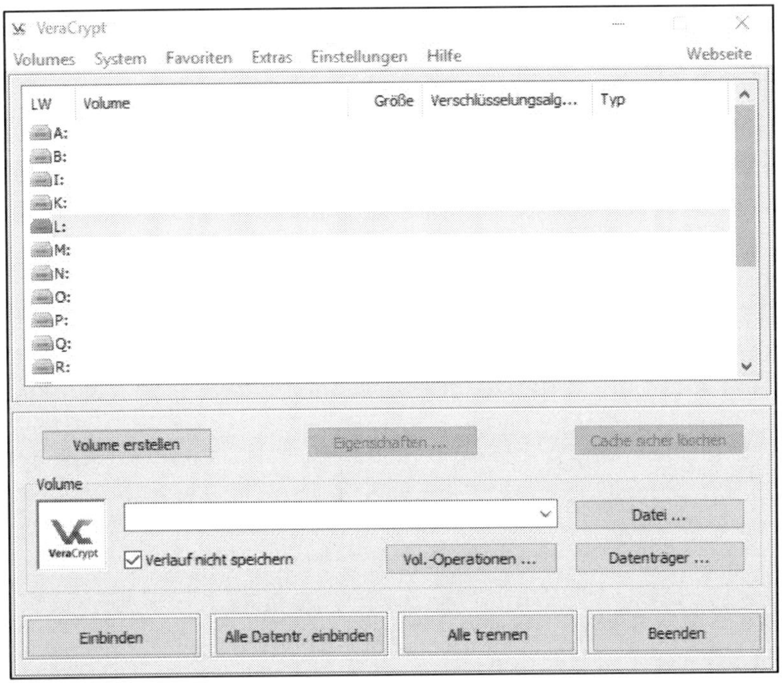

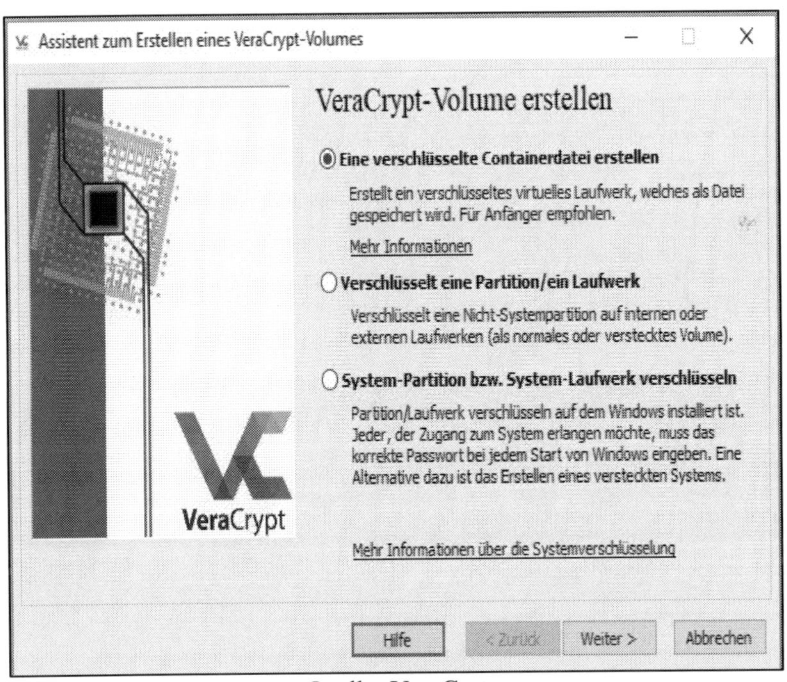

Quelle: VeraCrpt

Beide Programme ähneln sich sehr und sind selbsterklärend. Weiter unten beschreibe ich noch ein paar wichtige Tipps zum Verschlüsseln von Daten.

Nutzen Sie niemals Verschlüsselungssoftware bei denen bekannt ist, dass die Hersteller mit div. Regierungen zusammen arbeiten. Hier weiß jeder, dass diese nicht sicher sind.

Nehmen wir mal Microsoft als Beispiel, was jahrelang vermutet wurde, wird ab Windows 10 ganz offen zugegeben. Dort heißt es in den AGB bzw. den Datenschutzbestimmungen, frei interpretiert, dass Microsoft, eher Spysoft vollen Zugriff auf all Ihre persönlichen Daten und Dateien, Tastatureingabe, E-Mail Inhalte, das Surf und -Nutzungsverhalten, Programm und App Zugriffe, wie auch Inhalte, Telemetriedaten etc. haben und diese an Dritte weiter geben. Wer Windows (10) Nutzer ist und sich ordentlich den Tag versauen möchte, kann dies unter den offiziellen Datenschutzbestimmungen von Microsoft nachlesen. Dazu besuchen Sie online den Link: https://privacy.microsoft.com/de-de/privacystatement

Lapidar gesagt heißt das, wer Windows 10 nutzt, ist 100% transparent und legt all seine Daten in die Hand des Konzerns und stimmt der Verarbeitung, Nutzung und Weitergabe an Dritte zu. Mehr in den Datenschutzbestimmungen von Microsoft Windows 10. Diese Stasi Spionage und Datensammelwut dürfte sich wohl bald durch alle Produkte des Konzerns ziehen. Ob da nicht ein Systemwechsel auf Linux mit Open Source Programmen die bessere Wahl wäre, ist die Frage welche man sich zeitnah stellen sollte. Vor Jahren noch als böse hirnverbrannte Verschwörungstheorie abgetan und heute die ernste Realität…

Zurück zu TrueCrpyt, ist das Programm noch sicher oder sollte man doch lieber auf VeraCrypt setzen?

In vielen IT-Fachkreisen gilt dieses Verschlüsselungsprogramm immer noch als annähernd sicher und nicht zu knacken, trotz bekannten Fehlern, die durch zahlreiche externe Audits bekannt wurden. Es müssen nur verschiedene Aspekte beachtet werden, dann ist es relativ sicher. Vorweg einer Kaltstartattacke sind beide Programme nicht gewachsen, aber dazu müssten die Angreifer auf Ihren PC physikalisch Zugriff haben, nach dem diese gerade ausgeschaltet wurde. Das Zeitfenster ist jedoch sehr gering. *(Unter Windows Systemen, nur ab dem Betriebssystem Windows 7 und keine Mandatory Profile, lange Passwörter, keine Schlüsseldatei, Viren- und Malwarefreier Computer.)*

Im Zweifel ist man aber mit VeraCrypt besser bedient. Oder man verschlüsselt einfach doppelt mit beiden Programmen. So könnte man seinen Muster-Ordner zunächst in einen verschlüsselten TrueCrpyt Container packen und diesen, verschlüsselten TrueCrpyt Container, wiederum in einen verschlüsselten VeraCrypt Container stecken.

Wieso wurde TrueCrpyt eingestellt?

Eines Tages wurde auf der offiziellen Entwicklerseite truecrypt.sourceforge.net mitgeteilt, dass jenes Programm nicht mehr sicher ist *(„...**WARNING: Using TrueCrypt is not secure as it may contain unfixed security issues...**“ Quelle: truecrypt.sourceforge.net)* mit Anleitung, zur Nutzung, von dem umstrittenen Microsoft Verschlüsselungsprogramm >**BitLocker<.** Umstritten ist das Programm, weil seit vielen Jahren bekannt ist, dass der Konzern Microsoft und die NSA zusammenarbeiten, wie viele andere Firmen auch. Es wird von Hintertüren und nutzbaren Sicherheitslücken im Quellcode gemunkelt, Informationen dazu findet man im Internet zu Genüge. Somit ist dies keine gute Ausgangsbasis für ein Daten- Verschlüsselungsprogramm, welchem Sie Ihre sensiblen und privaten Daten anvertrauen sollen. Zudem ist der Programmcode nicht einsehbar.

Warum wird das Programm TrueCrpyt nicht weiter entwickelt und wird vom eigenen Herausgeber als unsicher eingestuft?

Die weitläufigste und am wahrscheinlichsten zutreffende Theorie ist, dass der Entwickler von der amerikanischen Regierung, dem U.S Department of Justice bzw. der fürsorglichen NSA oder anderen US-Regierungsbehörden, einen NSL Brief *(National Security Letter)* bekam. Dies ist ein Brief zur nationalen Sicherheit, mit rechtlichem Anordnungscharakter, in dem der Empfänger mitgeteilt bekommt, man wird verpflichtet etwas zu tun oder zu unterlassen, wie z.B. Kunden- und Userdaten, IP Adressen, Passwörter, Hashwerte, Protokolle etc. herauszugeben oder versteckt Hintertüren und Sicherheitslücken in seine Software, in diesem Fall in das Daten- Verschlüsselungsprogramm einzubauen, dass externe Personenkreise wie die NSA, CIA, FBI oder sonstige „Regierungsvereine“ mit drei Buchstaben, problemlos und kinderleicht die Sicherheitshürden umgehen oder aushebeln können, um so an die „verschlüsselten“ Daten zu gelangen. Ebenfalls unterliegt der Empfänger einer Geheimhaltungsanordnung, die es verbietet über den Erhalt, die Existenz und Inhalt des National Security Letter zu sprechen oder in irgendeiner Form darüber zu berichten.

Hält man sich nicht an die Forderungen, wird man höchstwahrscheinlich, irgendwo in einem tiefschwarzen Loch verschwinden und nie wieder Tageslicht zu Gesicht bekommen. Ohne Anklage, ohne Anwalt, ohne alles. Man ist einfach von jetzt auf gleich nicht mehr existent. Um diesen Aussichten zu entgehen und das Programm für die Zukunft zu sichern, wurde das Projekt wahrscheinlich eingestellt, so die eine Theorie. Dazu würde auch passen, dass auch BitLocker verwiesen wird. Die zweite Theorie lautet, der Entwickler habe einfach keine Lust mehr. Was jetzt zutrifft wird man offiziell niemals erfahren. Aus besagtem erstem Grund trauen viele aber immer noch nicht dem Frok VeraCrpyt, da diese davon ausgehen, dass die Entwickler ebenfalls einen NSL Brief bekamen und drauf einstiegen. Fakt ist VeraCrpyt existiert weiter, TrueCrpyt nicht. Ich denke VeraCrpyt ist sicher. Man kann jedoch beide Programme nutzen und doppelt verschlüsseln. Sicher ist sicher.

Allgemeine Tipps zum Verschlüsseln

Über Verschlüsselungen könnte man ein ganzes Buch schreiben, da kommt der Informatiker in mir richtig zum Vorschein. Da ich niemanden langweilen möchte und nicht am Kernthema vorbeiziehen möchte, nachfolgend eine Reihe leicht umzusetzender Basic Tipps.

- Zum Verschlüsseln das Programm TrueCrypt 7.1a oder VeraCrypt wählen. Eigene alternative Programme ausgiebig prüfen.

- Passwortlänge min. 28 Zeichen, Groß- und Kleinschreibung, Zahlen und Sonderzeichen in sinnloser Kombination, die man sich einprägen muss. Nie zwei gleiche Passwörter nutzen. Eselsbrücken können beim lernen helfen.

- Immer mehrere, verschiedene Verschlüsselungsalgorithmen in Kaskade nutzen z.B. AES - Twofish - Serpent

- Doppelt hält besser, verschlüsseln Sie den verschlüsselten Ordner bzw. die Datei ein zweites Mal, evtl. mit einem anderen Programm. Vielleicht auch dreimal?

- Nutzen Sie keine **„Sicherheitsprogramme deren Quell Code nicht offen einsehbar ist“** bei Verschlüsselungssoftware, Passwortgeneratoren, Passworttresoren oder ähnlichen Tools mit denen man seine Passwörter erstellen, verwalten und verschlüsseln kann. Im Hintergrund könnten die Daten an die Entwickler oder Personen, welche diese Tools manipuliert haben weitergesendet werden.

- Mehrere verschiedene Passwörter könnten in einer extrem gut verschlüsselten Textdatei gespeichert werden, die mit einem Hauptpasswort geöffnet wird.

Geben Sie niemals Passwörter bekannt, weder bei der Polizei, der Staatsanwaltschaft, der Konkurrenz oder sonst wem. Befürchten Sie Opfer von Folter zu werden, damit Sie die Passwörter unter Schmerzen preisgeben, informieren Sie sich über versteckte verschlüsselte Container mit Hilfe von TrueCrypt oder sonstigen vertrauenswürdigen Programmen. Hier werden zwei verschlüsselte Container erstellt, einer davon versteckt. Es existieren dann zwei Passwörter, füllen Sie einen Container mit Ihren sensiblen Daten und einen mit „Fakedaten“. Nun können Sie das Passwort des Containers mit den „Fakedaten“ preisgeben und den versteckten Container mit Ihren richtigen Daten, glaubhaft abstreiten. Es hörst sich krass an aber dies hat es alles schon gegeben, daher ist Vorsicht besser als Nachsicht.

Verschlüsselte Kommunikation mit Geschäftspartnern

Neben dem Verschlüsseln der Daten auf dem PC, sollten Daten auf, sowie das gesamte Handy ebenfalls verschlüsselt sein. Mindestens ein Passwort neben einem PIN, um auf das Handy zugreifen zu können, sollte selbstverständlich sein.

Handy-Apps zur Kommunikation wie WhatsApp *(Messenger),* sollte man wenn möglich so konfigurieren, dass man selbst und der Kommunikationspartner immer das neuste Update installiert hat, um eine „sichere“ End-to-End Verschlüsselung zu gewährleisten. Man sollte sich aber immer im Klaren sein, dass WhatsApp zu Facebook gehört. Ob und wie sicher das ist, entscheiden Sie selbst.

Eine gute, sich bewährte und sichere App, um eine verschlüsselte End-to-End Kommunikation mit dem Handy per Messenger zu gewährleisten ist

Threema. Diese Applikation kostet knapp 3,00€ *(Stand September 2017, keine Gewährleistung)* die man wirklich investieren sollte. Neben der verschlüsselten Kommunikation ist die gesamte App nur mit einem frei wählbaren Code zugänglich, der optional erstellt werden kann. Ebenso die Verschlüsslung lokaler Daten auf dem Handy mittels Passphrase, welche man nicht vergessen sollte.

Wer auf dem PC sicher kommunizieren möchte, der sollte bei E-Mails auf verschlüsselte und signierte Mails mit einem PGP Schlüssel achten. Es hört sich schlimmer an als es ist, was aber kinderleicht von der Hand geht. Man braucht dazu nur eine kostenfreie Software wie z.B. Gpg4win, Kleopatra, Thunderbird und das Addon Enigmail, welche man im Internet bekommt und etwa 15 – 30 Minuten Zeit. Danach hat man das Prinzip verstanden und ist sicher in der Anwendung. Man nutzt die asymmetrische Kryptographie, was bedeutet es wird ein öffentlicher Schlüssel zum Verschlüsseln und ein privater Schlüssel zum Entschlüsseln genutzt.

Bei der asymmetrischen Kryptographie, was auch Public Key Verfahren genannt wird, benutzen beide Teilnehmer verschiedene Schlüssel. Einen öffentlichen und einen privaten Schlüssel. Es wird von einem Benutzer A ein Schlüsselpaar erzeugt *(Zertifikat mit Kleopatra)* und dieser öffentliche Schlüssel auf z.B. einem öffentlichen Schlüsselserver hinterlegt oder per Mail an Leute verschickt mit denen man verschlüsseltet Kommunizieren möchte.

Jeder der im Besitz des öffentlichen Schlüssels von Benutzer A ist kann nun mit diesem Daten verschlüsseln, dessen Signatur prüfen und/oder diese Person authentifizieren. Benutzer A kann diese dann mit seinem geheimen privaten Schlüssel entschlüsseln. Mit dem privaten Schlüssel wird es dem Besitzer ermöglicht, Daten welche mit seinem **öffentlichen Schlüssel** verschlüsselt wurde zu entschlüsseln, digitale Signaturen zu erstellen und oder sich zu authentisieren. Mit dem öffentlichen Schlüssel wird der **Klartext verschlüsselt** und mit dem **privaten Schlüssel** der **Geheimtext entschlüsselt**. Der private Schlüssel wird niemals weitergegeben.

Asymmetrisch Kryptographie

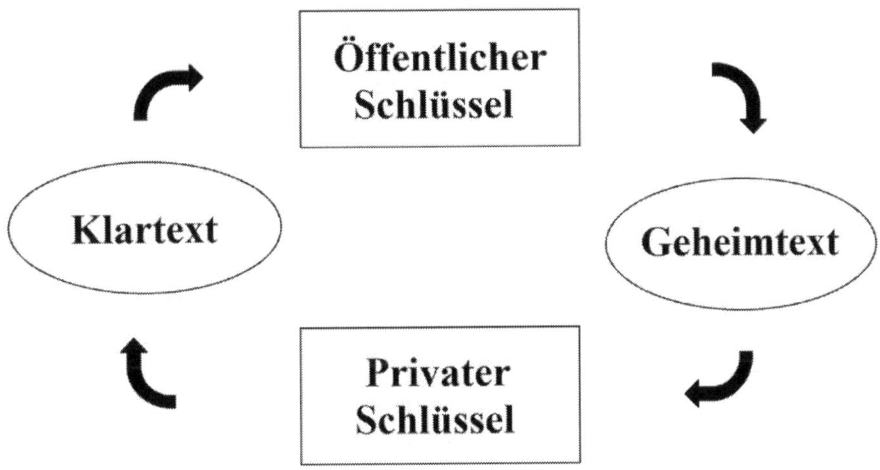

Die asymmetrische Kryptographie bietet sich also an, da jeder der den öffentlichen Schlüssel einer bestimmten Person kennt, dieser verschlüsselte Mails senden kann. Im Gegensatz zu der symmetrischen Kryptographie wo jeder das gleiche Passwort kennen muss, um Daten zu entschlüsseln. Es gibt natürlich noch die hybride Kryptographie, welche aber zu tief in die Welt der Kryptographie reichen würde und hier nur der Vollständigkeit halber erwähnt wird.

Symmetrische Kryptographie

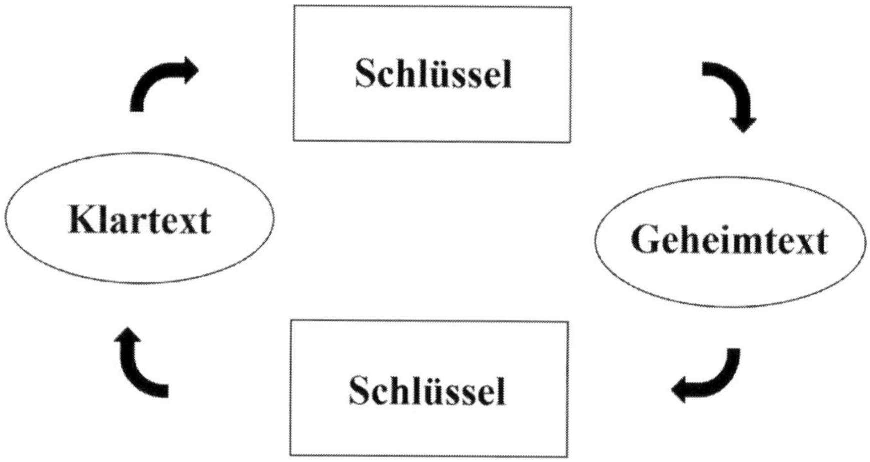

Raid Systeme

Für den normalen Betrieb am PC empfehle ich zwei Festplatten im Raid 1: Mirror – Spiegelung zu konfigurieren. So werden sämtliche Daten immer parallel auf zwei Festplatten geschrieben, was die Ausfallsicherheit enorm erhöht und so einem Datencrash vorbeugt. Natürlich ist dies noch kein Backup aber ein Anfang. Es müssen natürlich weitere echte Backups auf externen Quellen erstellt werden.

[...] RAID ist ein Akronym für englisch „Redundant Array of Independent Disks", also „Redundante Anordnung unabhängiger Festplatten" (ursprünglich engl. „Redundant Array of Inexpensive Disks"; deutsch „Redundante Anordnung kostengünstiger Festplatten"; was aus Marketinggründen aufgegeben wurde). Ein RAID-System dient zur Organisation mehrerer physischer Massenspeicher[1] (üblicherweise Festplattenlaufwerke oder Solid-State-Drives) zu einem logischen Laufwerk, das eine höhere Ausfallsicherheit oder einen größeren Datendurchsatz erlaubt als ein einzelnes physisches Speichermedium. Während die meisten in Computern verwendeten Techniken und

Anwendungen darauf abzielen, Redundanzen (in Form von mehrfachem Vorkommen derselben Daten) zu vermeiden, werden bei RAID-Systemen redundante Informationen gezielt erzeugt, damit beim Ausfall einzelner Speichermedien das RAID als Ganzes seine Integrität und Funktionalität behält und nach Ersetzen der ausgefallenen Komponente durch einen Rebuild der ursprüngliche Zustand wiederhergestellt werden kann. Diese Redundanz darf keinesfalls mit einer Datensicherung gleichgesetzt werden. […]

Quelle: https://de.wikipedia.org/wiki/RAID

Ein solches Raid System können Sie entweder mit einem Raid Controller, welches eine Hardware Lösung darstellt umsetzen oder Sie nutzen z.B. unter Windows Betriebssystemen eine Softwarelösung. Hier können Sie ganz einfach unter der Datenträgerverwaltung, ein einfaches gespiegeltes Volume (Raid 1: Mirror – Spiegelung) anlegen. Dazu müssen nur zwei gleichgroße Festplatten verbaut sein. Ein Software Raid unter Microsoft Windows ist jedoch mit größter Vorsicht zu genießen. Hardwarelösungen z.B. durch einen separaten Raid-Controller sind zu bevorzugen.

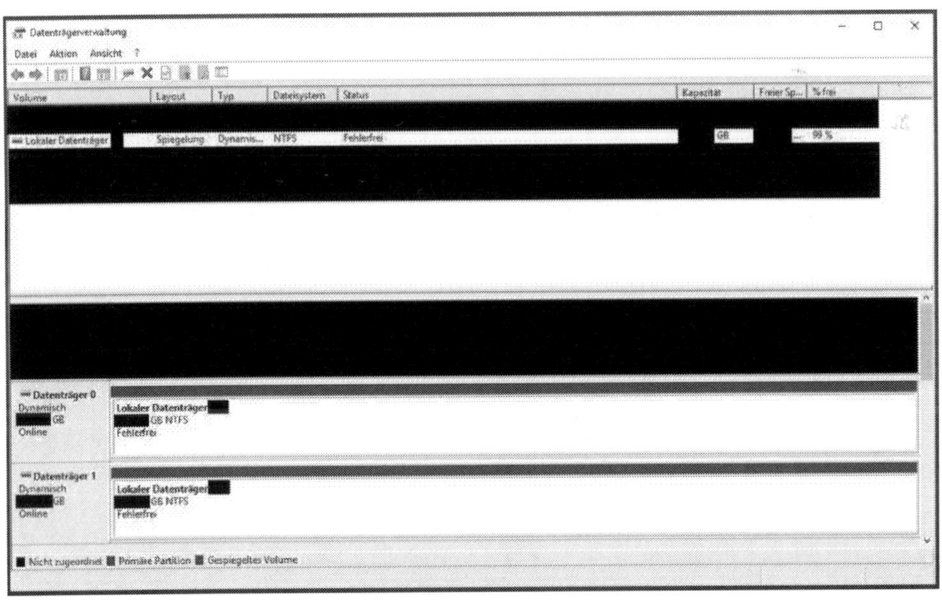

Quelle: Windows 7 Datenträgerverwaltung

Legen Sie Backups an

Legen Sie zahlreiche redundante Backups mit Ihren verschlüsselten Daten und Datenbanken an. Sind die Daten erst mal weg ist Ihr gesamtes Projekt quasi tot. Hat sich trotz allen Bemühungen ein Hacker, Viren oder Datenbankfehler breit gemacht, wurde die Datenbank durch fehlerhaften Code oder Plug-Ins zerschossen, sind Sie froh wenn Sie ein Backup haben und im Zweifel alles löschen und durch die Datensicherung zersetzten können.

Als elektronischer Datenträger kann Ihnen von der CD, DVD, Blu-ray, USB Stick, SD Karte, Flashspeicherkarte, Festplatte *(HDD & SSD),* bis hin zum Magnetspeicherband alles dienen. Jeder Datenträger hat andere Eigenschaften und eine andere Lebenserwartung. Eine bunte Mischung leistet hier gute Abhilfe und ist für wenige Euro zu realisieren. Zusätzlich kann ein eigener NAS oder SFTP Server, sowie eine Cloud in die man mehrfach verschlüsselte Daten uploadet durchaus sinnvoll sein.

Wichtig bei den physikalischen Datenträger ist nur, dass Sie auch die entsprechenden Abspiel- und Lesegeräte mit eingelagert werden. Hätte ich in der digitalen Steinzeit meine Daten auf einer 5.25" Floppy Diskette gesichert, ohne ein passendes Floppy Laufwerk mit einzulagern, könnte ich heute auf die Suche nach einem solchen gehen, da diese Laufwerke nur noch selten und zu überteuerten Preisen verfügbar sind. Daher gilt die Grundregel, immer ein zweckmäßiges Lesegerät mit einzulagern. Blu-ray oder DVD Brenner sind ab 30 – 50 Euro zu bekommen. Kombigeräte für Speicherkarten, sogenannte *(53-in-1 oder 54-in-1 etc.)* Multikartenleser zum Einbauen in einen Computer oder mobile USB Kartenleser gibt es schon ab ca. 10 €. Redundanz spielt auch hier eine entscheidende Rolle, man darf sich niemals auf nur einen einzigen Datenträger und Abspielgerät verlassen, da diese zerstört, entwendet oder verloren gehen können.

Größere Datenmengen, Teilprojekte oder gesamte Projekte sollte man zusätzlich, in regelmäßigen Abständen, wie folgt sichern. Hat man nun alle Daten verschlüsselt und auf verschiedenen Datenträgern, mindestens in dreifacher, besser in fünffacher Ausführung gespeichert, müssen diese wasser- und staubdicht, vor Sonnenlicht geschützt, sowie EMP (elektromagnetischer Impuls) sicher abgeschirmt verpackt werden. Sind die Datenträger dann entsprechend präpariert, vakuumiert man dies noch zusätzlich mit einem Beutel Silica (Schützt vor Flüssigkeit) und Sauerstoffabsorber (Schützt vor Sauerstoff und oxidieren) ein.

Diese gut geschützten Päckchen lagert man anschließend an mehreren verschiedenen Orten ein, was bei Freunden, Verwandten, in diversen angemieteten Schließfächern wie z.B. in der Bank, Post, Bahnhof, Fitnessstudio, Sauna etc. sein kann, oder man vergräbt diese in luft- und wasserdichten Behältern. Große Datenzentren und Firmen tut übriges dasselbe, nur werden die Datenträger dort in schwer gesicherten und streng geheimen Datenbunkern, in der Arktis bei Minusgraden, oder ähnlichen Einrichtungen eingelagert. Für kleine Firmen oder Privatleute ist dies jedoch finanziell nicht tragbar, also muss man das Beste daraus machen und kreativ werden.

Ich weiß das ganze hörst sich sehr schwer paranoid an aber wenn Sie Jahre Ihrer Lebenszeit in digitale Projekte gesteckt haben, damit Geld verdienen und auch weiterhin Geld verdienen wollen, muss man den Totalverlust durch alle Eventualitäten versuchen zu minimieren. Was denken Sie wird ein Programmierer tun, wen versehentlich Millionen Zeilen Code unwiederbringlich gelöscht wurden und damit Jahre voller Arbeit ausgelöscht sind? Er wird wohl nie wieder einen PC anfassen, dies ist alles schon vorgekommen, passiert regelmäßig und einem selbst sollte dies nicht passieren. Daher ist das Zauberwort und Lösung Backup, Backup und nochmal Backup. Mehr unter dem Punkt Backup anlegen.

Wordpress Schnellstart

Hosting und Domainauswahl

Bevor Sie eine eigene Webseite online stellen können, benötigen Sie zuerst eine eigene Domain und Webspace in Form eines Servers oder Hostings, wo Ihre MySOL Datenbank und Webseite 24/7 erreichbar bereit liegt. Hier können wir schon die ersten Grundsteine der Sicherheit legen.

Wenn Sie ein Laie sind und nicht wirklich was von IT Systemen, Systemintegration und Netzwerktechnik verstehen, sollten Sie auf keinen Fall Ihren eigenen Server, egal ob V- oder Webserver betreiben. Diese Server laufen meistens auf einer Linux Distribution und müssen von Ihnen alleine installiert, konfiguriert und entsprechend fortlaufend gesichert werden. Für einen Laien ist dies eine sehr sportliche und aus meiner Sicht keine lösbare Aufgabe. Hier erfordert es eine Menge Fachwissen und Lernbereitschaft.

Eine mögliche Alternative bieten dagegen eigene Managed-Server, aber auch hier sollte man ein versierter IT Nutzer sein, mit viel Zeit um sich einzulesen und zu googlen. Dort hat man fast alle Vorteile eines eigenen Servers, wie z.B. die volle Hardwareleistung und Geschwindigkeit für sich alleine und um die Sicherheit und das System kümmern sich IT-Experten des Anbieters. Es gibt aber auch Nachteile, da alle Anbieter diese Managed-Server vorinstalliert und vorkonfiguriert haben, sowie für die Sicherheit garantieren, sind eigene Änderungen auf der untersten Ebene nicht möglich. Dies bedeutet Sie haben keinen Root-Zugriffs bzw. Adminrechte am eigenen Server. Preislich kosten diese Server monatlich um die 100 bis 150€ und mehr, je nach Leistung, zuzüglich der Einrichtung von einmalig 50-100€. Diese Server werden teilweise auch um die 70€ pro Monat angeboten, was jedoch nur der Grundpreis ist. Bis alles ordentlich, sicher und komfortabel konfiguriert ist und alle nützlichen Extras dazu gebucht wurden, kommen gut und gerne noch mal um die 30 bis 60% des Grundpreises, monatlich oben drauf.

Solche Server machen also nur Sinn, wenn Sie sehr viele, als Zahl über 100 Wordpress Seiten oder Blogs online stellen möchten. Dann wiederum sollte man sich aber auch fragen, ob man wirklich 100

Webseiten und mehr auf nur einen Server legen möchte, der von fremden Leuten überwacht und gesichert wird. Wird der Server kompromittiert gehen alle Seiten offline und werden im schlimmsten Fall gelöscht. Selbst mit Backups wird es eine nervige Angelegenheit alle Seiten wieder ans Netz zu bringen. Ich persönlich würde daher keine 100 von mir betreuten oder eigenen Seiten, auf einen solchen Server und damit in die Hand eines Fremden legen. Bei diesen Mengen sollte man dann doch lieber zu Root Server greifen, welche preislich um die 100 - 200€ bei sinnvollen Angeboten liegen. Hier wiederum muss man selbst ein IT Experte sein, sonst ist der erste Angriff keine 60 Sekunden nach Übergabe der Zugangsdaten in vollem Gange.

Hosting Anbieter wählen

Vertrauen Sie nur großen, etablierten und seriösen Anbietern wo man weiß, dass diese nicht von heute auf morgen verschwinden. Viele günstige Angebote stammen von sogenannten Kinder- oder Wohnzimmer Hoster, die einfach einen Managed-Server angemietet haben und darüber Ihre Kunden verteilen. Viele sind nicht mal als Firma angemeldet, geschweige denn als Nebengewerbe und können so von heute auf morgen verschwinden, inkl. Ihrer Webseite und Domain. Daher Finger weg von diesen schwarzen Schafen.

Aus besagten Gründen ist der beste, günstigste und sicherste Weg für alle Einsteiger ein normales Hosting Paket. Es gibt zwar auch extra WordPress Hosting Pakte, diese sollte man aber getrost ignorieren, da diese übermäßig teuer sind und weniger Umfang bieten als ein normales Hosting.

In diesem Buch werde ich alle Beispiele basierend auf Strato erklären. Strato gehört zu den Marktführern, ist sehr weit verbreitet und bietet ein gutes Preis-Leistungs-Verhältnis, weshalb ich damit ein großes Publikum ansprechen kann. Ich stehe in keinem Verhältnis zu Strato, das mich in irgendeiner Form für diese Entscheidung finanziell oder sonst wie entschädigt. Strato hat mit dieser Publikation nichts zu tun.

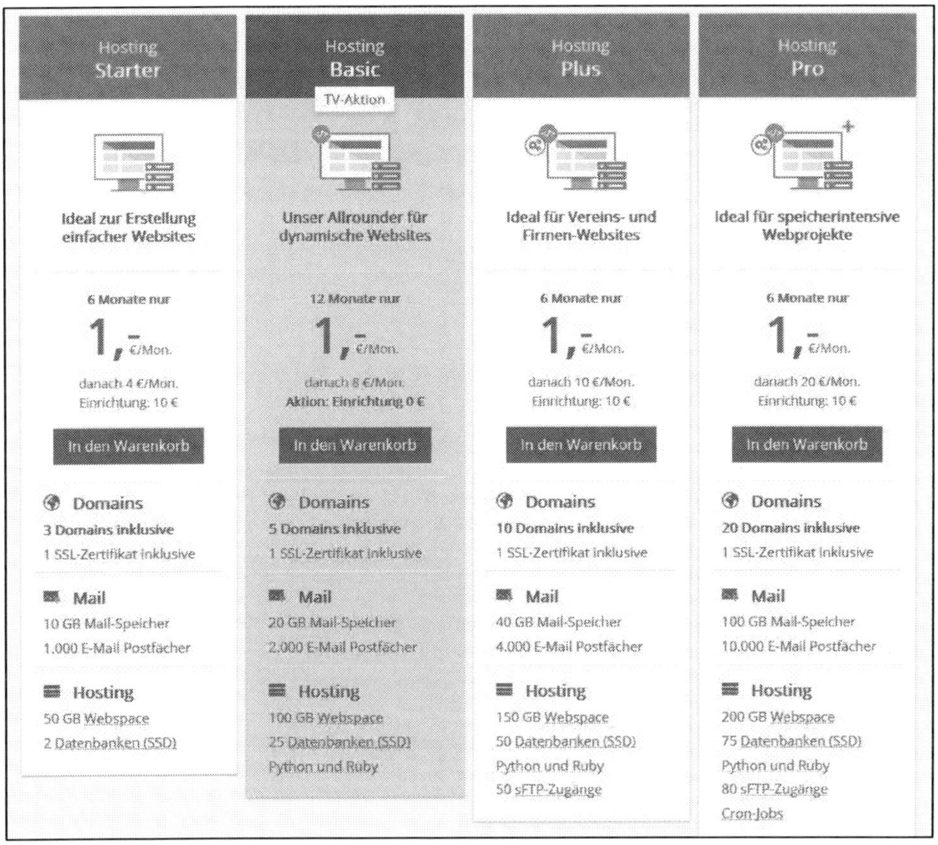

Quelle: www.Strato.de, Hostingangebote

Als Beispiel wähle ich hier ein Strato Hosting Plus, da unbedingt ein SFTP Zugang möglich sein muss. Für 10 € monatlich hat man hier ausreichend Kapazitäten für viele eigene Webprojekte. Wer bei anderen Anbietern Verträge abschließt, sollte unbedingt auf die besagten SFTP Zugänge achten. Am besten wäre jeweils ein eigener SFTP Zugang und eine eigene Datenbank, für je eine eigene Webseite. Aus Performance Gründen sollten die Datenbanken auf SSD Festplatten liegen.

Domainadresse wählen

Gleiches gilt bei den Domainadressen: Nur große, etablierte und seriöse Anbieter nutzen. In der Regel aber sind bei dem eigenen Hosting Anbieter Domains inkludiert, oder über diesen zu beziehen.

Datenbank erstellen

Sobald das Hosting Paket gebucht ist, loggen Sie sich bei dem Anbieter ein und erstellen eine neue Datenbank. Dies erkläre ich an Hand eines Beispiels basierend auf einem Strato Hosting Paket. Bei anderen Anbietern wird der Vorgang ähnlich sein.

Quelle: www.Strato.de

Nach dem einloggen bei Strato, wählen Sie Ihr Paket aus, damit Sie auf Ihre Paket Übersicht kommen, wie auf der Abbildung oberhalb und navigieren gleich zum Punkt **Datenbanken und Webspace (1)**. Anschließend öffnet sich ein Untermenü und dort wählen Sie **Datenbankverwaltung (2)**. Dort legen Sie eine neue Datenbank mit + **Datenbank anlegen (3)** an.

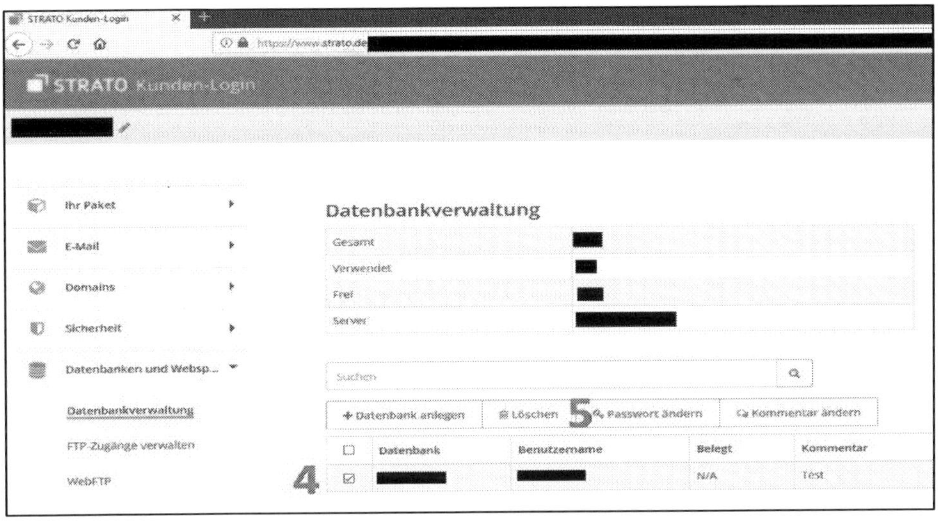

Quelle: www.Strato.de

Der nächste Schritt ist das Anlegen eines Passwortes. Wählen Sie hierfür Ihre neu angelegte **Datenbank (4)** mit einem Haken aus. Nun klicken Sie auf **Passwort ändern (5)**.

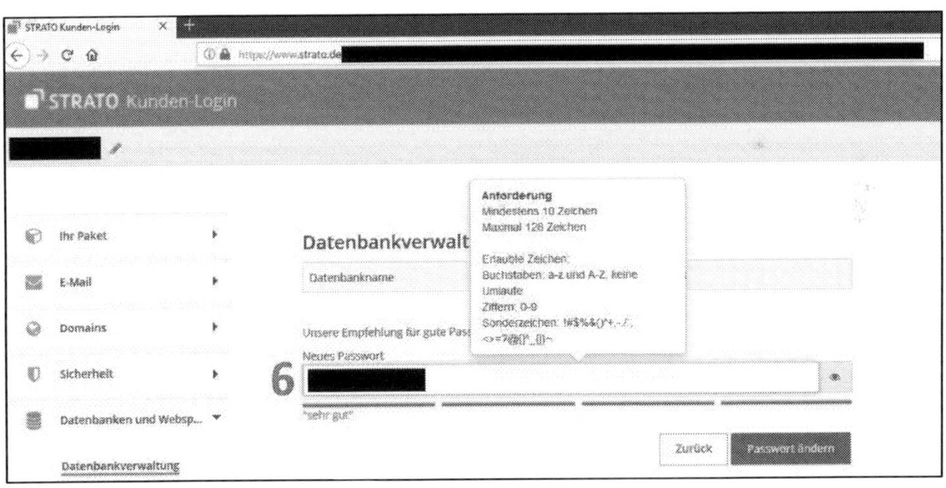

Quelle: www.Strato.de

Es öffnet sich ein neues Fenster und dort geben Sie ein **neues Passwort (6)**, entsprechend den Anforderungen ein und bestätigen dies mit Passwort ändern. (Als Tipp: Lesen Sie hierfür im Buch das Kapitel sichere Passwörter)

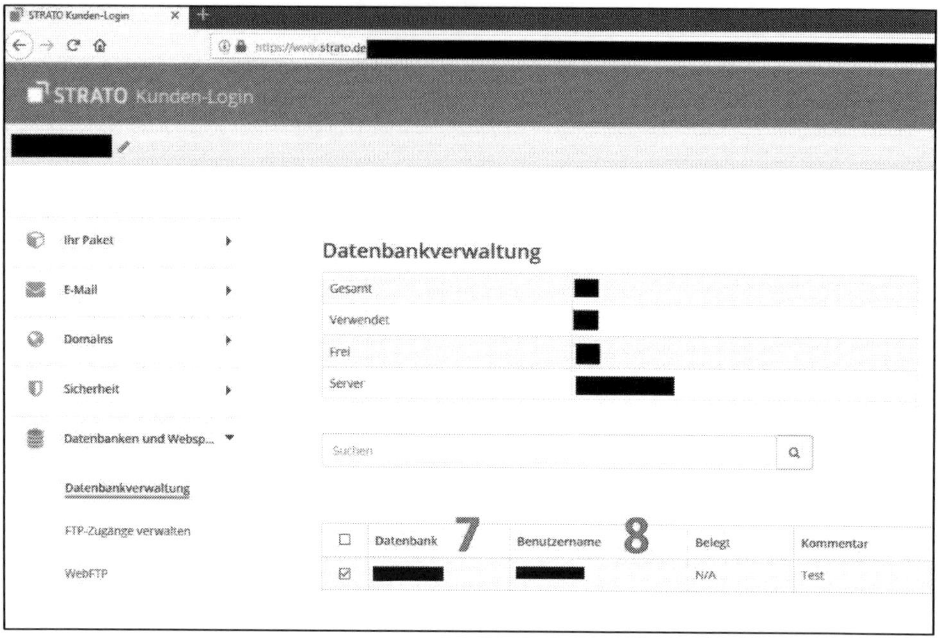

Quelle: www.Strato.de

Abschließend notieren Sie sich die **Datenbank (7)** und den **Benutzernamen (8)** zusätzlich mit dem Passwort. Diese Daten brauchen Sie später bei der Wordpress Installation. Hiermit ist das Anlegen einer Datenbank erledigt.

Wordpress herunterladen

Rufen Sie die Internetseite https://wordpress.org/download/ auf und laden Sie WordPress unter dem Punkt Download WordPress x.x.x herunter. (x.x.x steht als Platzhalter der Versionsnummer)

Quelle: www.wordpress.org

Nun wechseln Sie auf Ihrem Computer in den Download-Ordner, wo Sie Wordpress heruntergeladen haben. Den Ordner wordpress-4.9.8.zip entpacken Sie mit einer Packersoftware bzw. Packprogramm, oder umgangssprachlich auch „Entpackungssoftware", wie z.B. mit 7-Zip, mit einem Rechtsklick auf den Ordner, 7-Zip und dann auf „Datei entpacken".

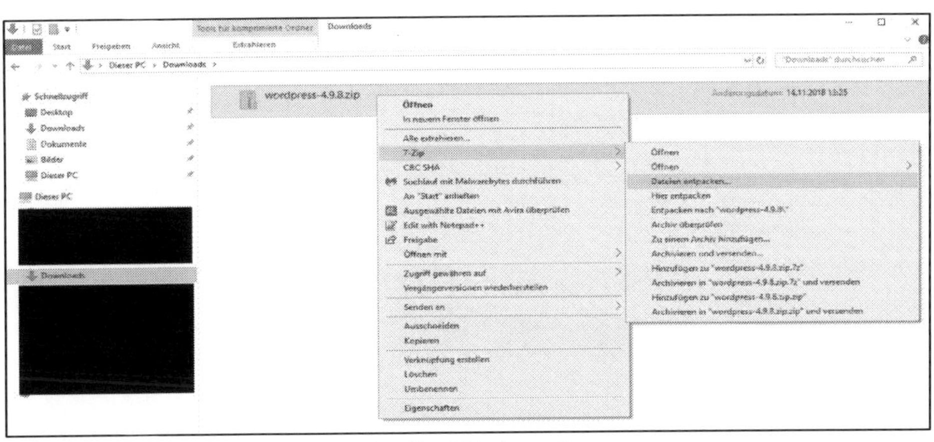

Quelle: Windows 7

Master (S)FTP Zugang

Dieser Punkt betrifft nur die Beispielkonfiguration unter Strato.

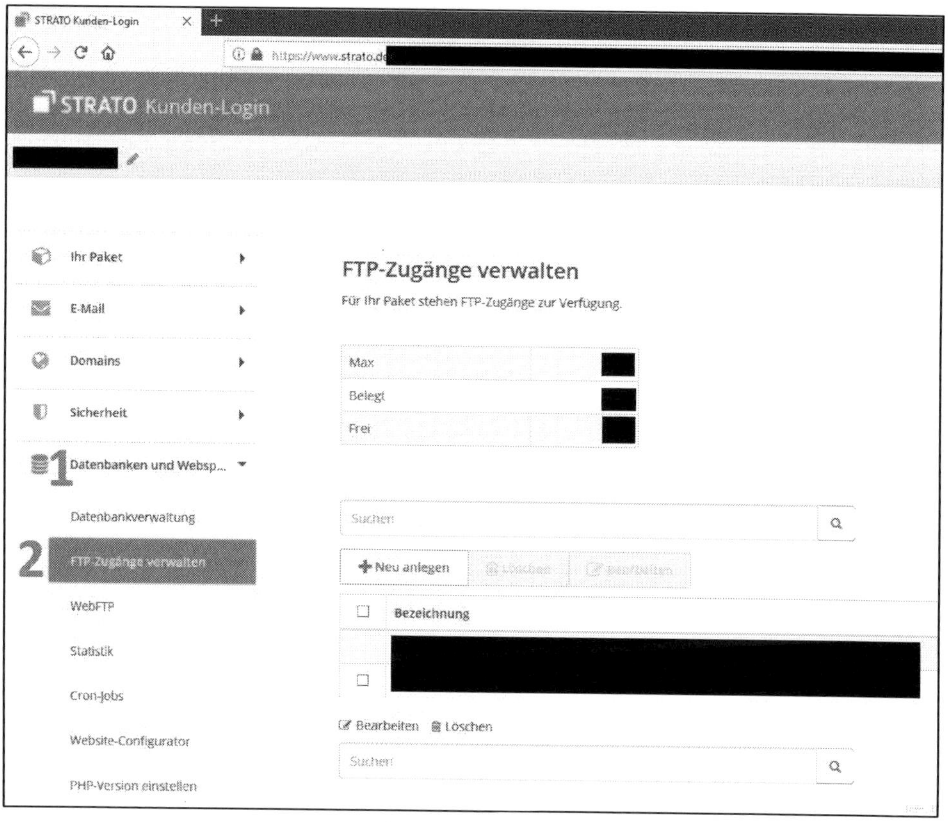

Quelle: www.Strato.de

Loggen Sie sich in Ihren Strato Account ein und rufen Sie Ihr Paket ab. Dort navigieren Sie links zu **Datenbanken und Webspace (1)** und über den Unterpunkt **FTP-Zugänge verwalten (2)** zu der Verwaltung der FTP Zugänge.

Quelle: www.Strato.de

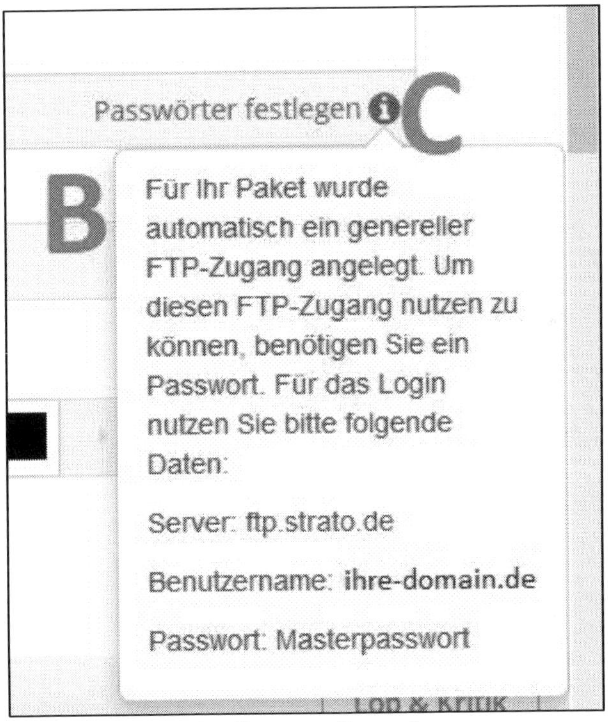

Quelle: www.Strato.de

Bei Strato wird immer ein automatisch generierter FTP Zugang **(A)** bestehend aus Ihrer Domainadresse erstellt. Dieser automatisch generierte FTP Zugang **(B)**, besteht aus Ihrer Domainadresse und dem gesetzten Masterpasswort **(C)**. Das Masterpasswort müssen Sie selbst unter „Passwörter“ festlegen **(C)** einrichten, später mehr dazu. Der bereits angelegte Nutzer ist ausgegraut und kann nicht geändert werden. Dieser fungiert als Master (S)FTP Zugang, was bedeutet, dass Sie mit diesem (S)FTP Zugang, auf die oberste Verzeichnisebene, Ihres Webspace Zugriff haben. Das heißt im Klartext, dass Sie auf sämtliche Verzeichnisse und Dateien und alle in Zukunft angelegten Verzeichnisse oder erstellten Dateien auf Ihrem Webspace Zugriff haben. Dazu ein Beispiel: Sie betreiben mehrere Seiten, Webseite 1, Webseite 2 und Webseite 3. Jede dieser Webseiten hat ihr entsprechendes Verzeichnis und einen eigenen FTP Zugang, mit dem Sie nur jeweils in das Verzeichnis der jeweiligen Webseite gelangen. Loggen Sie sich mit dem FTP Zugang Webseite 1, in das Verzeichnis Webseite 1 ein, können Sie nur dort Änderungen vornehmen. Sie kommen, auf Grund fehlender Berechtigungen in der Verzeichnisstruktur, nicht auf eine höhere Ebene.

Loggen Sie sich jetzt aber mit dem Master FTP Zugang ein, so haben Sie auf alle Verzeichnisse, also Webseite 1, Webseite 2 und Webseite 3 Zugriff und können dort Änderungen vornehmen. Daher sollten Sie unbedingt ein sehr sicheres Masterpasswort, unter **Passwörter festlegen (C)** festlegen.

Ich empfehle hier mindestens 64 Zeichen, entsprechend nach den Tipps im Abschnitt **Passwörter richtig wählen und verwalten**. Wurde Ihr Master FTP Zugang geknackt, so sind alle Ihre Webseiten in massiver Gefahr und in den Händen der Hacker. Daher schlagen Sie bei diesem Passwort gerne mal über die Strenge und reizen am besten die maximal 128 erlaubten Zeichen als Passwortlänge aus. Sie sollten den Master FTP Zugang nur selten und beim Anlegen neuer Verzeichnisse nutzen. Haben Sie dieses Passwort im FTP Client gespeichert, sollte der Zugang zu dem Client ebenfalls mit einem Passwort gesichert sein, wie auch der Zugang zum Betriebssystem selbst. Neben dem unsicheren Benutzer Passwort, sollte das gesamte Betriebssystem verschlüsselt werden, z.B mit VeraCrypt.

FTP Client einrichten

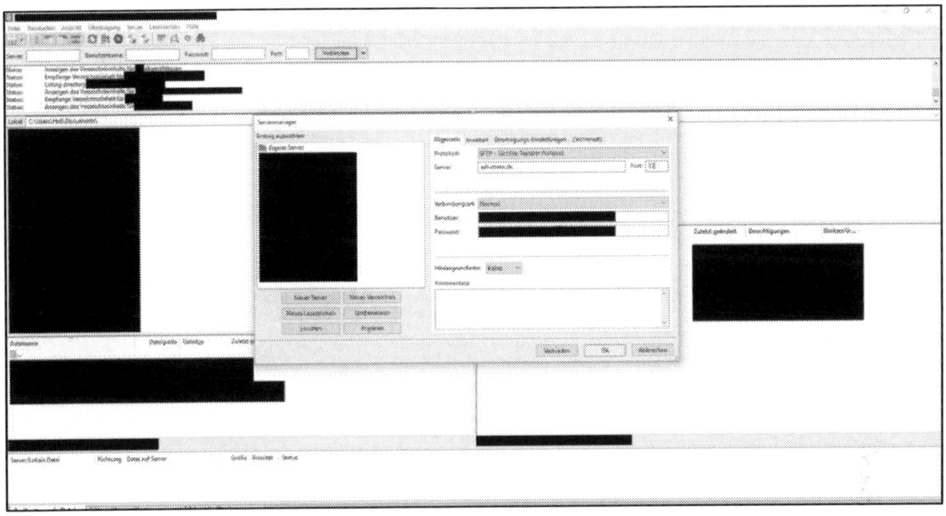

Quelle: FileZilla

In der Beispielkonfiguration nutzte ich FileZilla als FTP Client. Nach der Installation öffne ich das Programm und wähle über **Datei**, den Punkt **Servermanager** aus. Nun öffnet sich ein neues Fenster mit dem Servermanager.

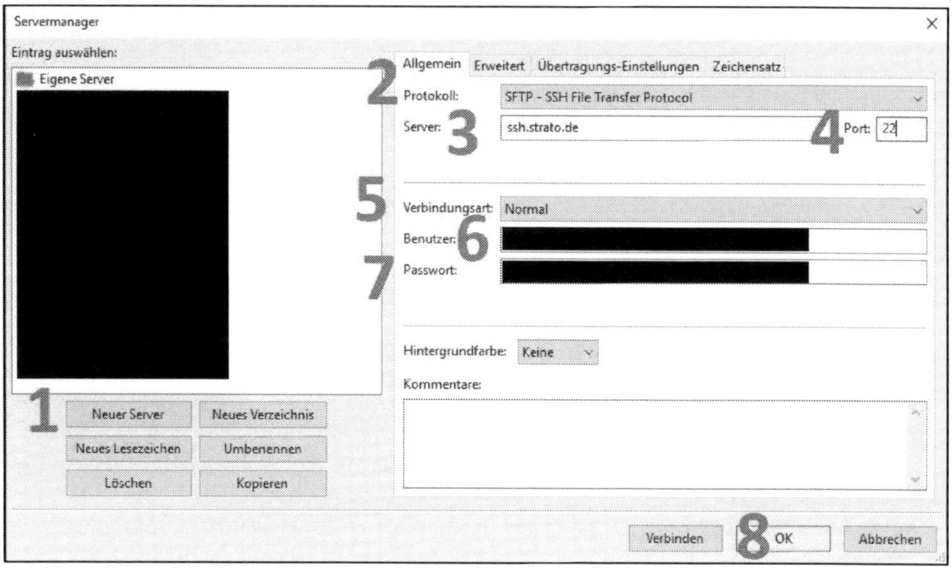

Quelle: FileZilla

Hier wählen Sie **Neuer Server (1)** und wählen dann unter **Protokoll: (2)** das Ihnen zur Verfügung stehende Protokoll aus. Je nach Hosting Paket bei Strato ist dies entweder FTP – File Transfer Protocol mit dem **Server fft.strato.de** unter dem **Port 21** oder das SFTP – SSH File Transfer Protocol mit dem **Server ssh.strato.de** unter dem **Port 22**. SFTP ist immer zu bevorzugen, da das reine FTP unverschlüsselt und nicht sicher ist. Das reine FTP Protokoll stammt aus einer Zeit ohne Internet und hat auch im Internet nichts verloren, da alles unverschlüsselt übertragen und somit per Man-in-the-middle-Angriff mitgespeichert und im Klartext ausgelesen werden kann. Entsprechend dem Protokoll wird der Server **(3)** und

Port (4) eingetragen. Die **Verbindungsart (5)** bleibt unter Normal. Nun wird noch der FTP Benutzer unter **Benutzer (6)** und das **passende Passwort (7)** eigegeben. Mit **ok (8)** wird alles gespeichert. Nun ist der neue FTP Server eingerichtet und über Verbinden haben Sie Zugriff auf Ihren Webspace.

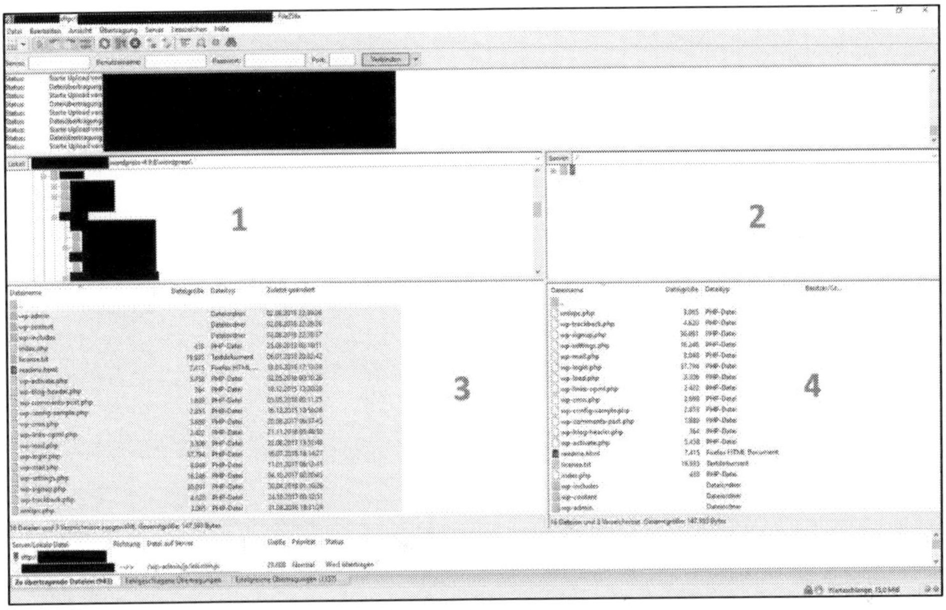

Quelle: FileZilla

Unter **(1)** wählen Sie den lokalen Pfad auf Ihrem Computer aus. Unter **(2)** wählen Sie den Serverpfad aus. Bei **(3)** sehen Sie den Inhalt des ausgewählten Ordners von Ihrem lokalen Pfad und bei **(4)** des ausgewählten Serverpfads. Zur Datenübertragung werden Dateien vom Ordner des lokalen Pfads **(3)** in den Ordner des Serverpfads **(4)** verschoben oder mit einem Rechtsklick und dann auf hochladen, hochgeladen.

(S)FTP Zugang erstellen.

Bevor Sie Ihre Seite anlegen können müssen Sie zunächst die Wordpress Datei auf Ihren Webspace hochladen. Dazu müssen Sie einen FTP Zugang erstellen. Dazu loggen Sie sich bei Ihrem Hosting Anbieter ein und erstellen einen entsprechenden FTP Zugang.

Quelle: Strato

In der Beispielkonfiguration unter Strato loggen Sie sich in Ihr Account ein und rufen Ihr Paket ab. Dort navigieren Sie links zu **Datenbanken und Webspache (1)** und zum Unterpunkt **FTP-Zugänge verwalten (2)**. Unter + **Neu anlegen (3)**, öffnet sich durch das klicken ein neues Fenster. In diesem wird der neue (S)FTP Zugang konfiguriert.

Geben Sie unter **Benutzernamen (4)** einen Benutzernamen ein, dieser kann gerne Abstrakt sein, was das erraten erschwert. Unter **Domain @ (5)** wählen Sie nun die passende Domain Adresse aus und unter **Neues Passwort (6)** wählen Sie ein entsprechend neues Passwort aus. Nun muss nur noch das **Verzeichnis (7)** gewählt werden auf das der neue (S)FTP Nutzer Zugriff haben darf. Somit ist der neue (S)FTP Zugang eingerichtet.

Dieses Verzeichnis muss im Vorfeld mit dem Master FTP Zugang angelegt werden. Dazu loggen Sie sich, mit dem Master (S)FTP und Masterpasswort über einen FTP Client, auf Ihren Webspace ein und legen dort in der obersten Ebene ein neues Verzeichnis an. Dazu klicken Sie rechts in das Verzeichnis und dort auf neues Verzeichnis anlegen. Dieses wird nun nach Belieben in /Ihr-neues- Verzeichnis/ benannt.

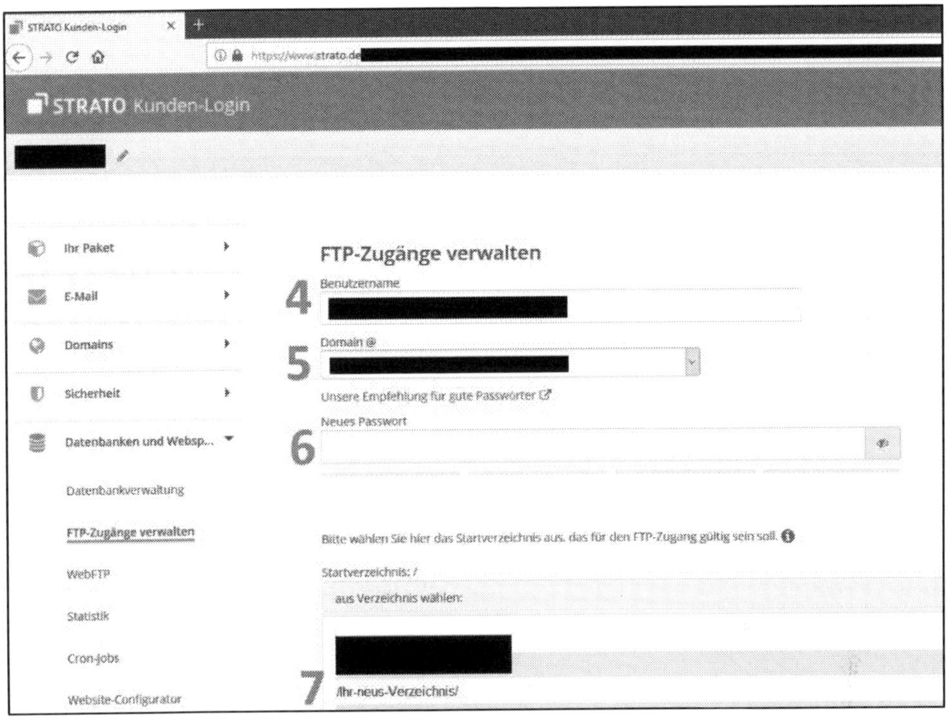

Quelle: Strato

Wordpress per (S)FTP hochladen

Öffnen Sie Ihren FTP Client und verbinden Sie sich mit Ihrem Server bzw. Webspace.

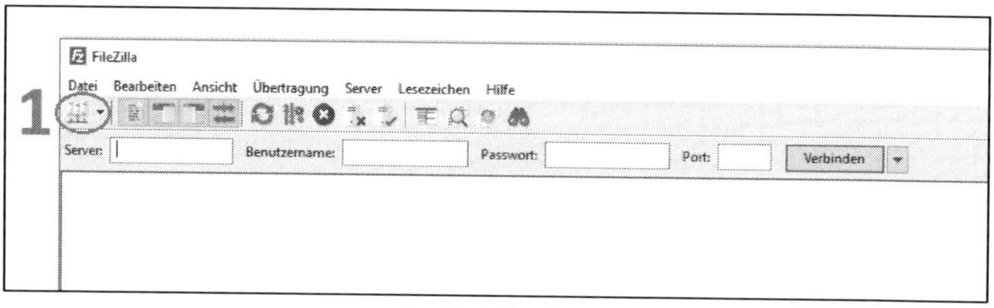

Quelle: FileZilla

In der Beispielkonfiguration nutzte ich FileZilla als FTP Client. Öffne Sie den Servermanager über das **Server Icon (1)** unter **Datei** oder über **Datei**, und dann den Punkt **Servermanager** auswählen.

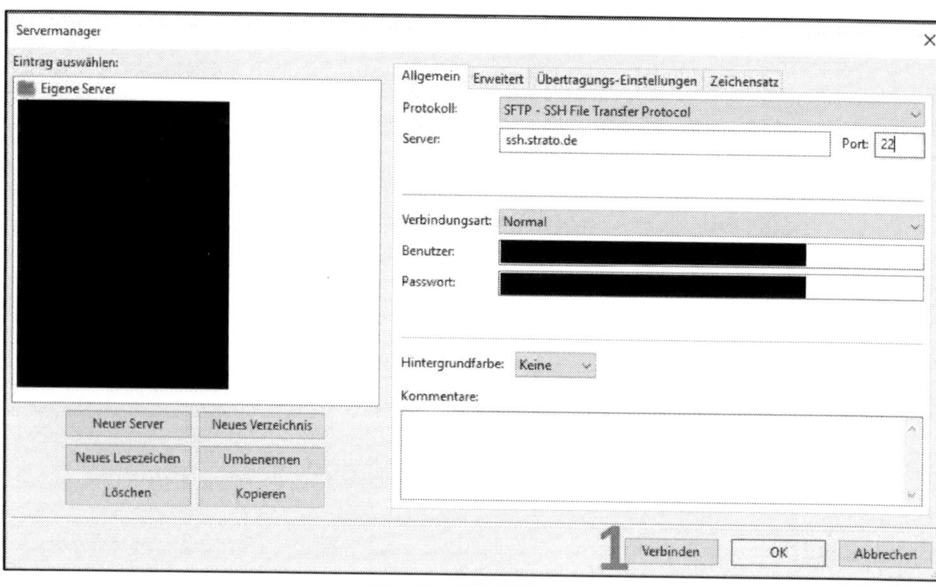

Quelle: FileZilla

Im Servermanager wählen Sie Ihren FTP Server, links unter „Eigene Server“ aus und verbinden sich mit diesem unter Verbinden **(1)**.

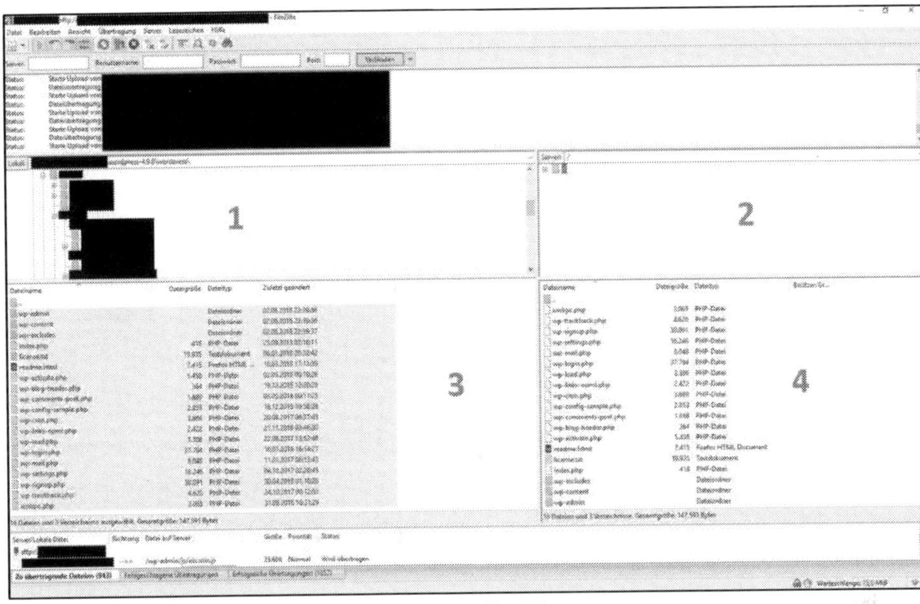

Quelle: FileZilla

Unter **(1)** wählen Sie den lokalen Pfad auf Ihrem Computer aus. Unter **(2)** wählen Sie den Serverpfad aus. Bei **(3)** sehen Sie den Inhalt des ausgewählten Ordners von Ihrem lokalen Pfad und bei **(4)** des ausgewählten Serverpfads.

Nun navigieren Sie unter **(1)** Ihren lokalen Pfad auf den Download-Ordner bzw. den Ordner wo Sie den, im Vorfeld heruntergeladenen, Wordpress Ordner liegen haben und laden den entpackten Orderinhalt des Wordpress Ordner auf Ihren Server hoch. Es sollten 16 Dateien und 3 Verzeichnisse sein. Markieren Sie unter **(3)** alle 19 Daten und verschieben Sie diese nach rechts **(4)** auf Ihren Server. Alternativ markieren Sie alle 19 Daten, machen einen rechten Mausklick und klicken anschließend auf hochladen. Damit hätten Sie Wordpress hochgeladen und können mit der Installation fortfahren.

Kurze Anmerkung zu den 19 Dateien auf dem Server **(4)**. Im Laufe dieses Buches müssen immer wieder einzelne Dateien geändert, bearbeitet, ergänzt oder getauscht werden. Dies führen Sie genauso aus, wie zuvor mit den anfänglichen Dateien. Sie navigieren zur Datei, auf Ihrem lokalen Computer, über den lokalen Pfad **(1)** und wählen diese dann im Ordner **(3)** aus. Die Datei welche auf dem Server zu ersetzen ist, wird nun lokal im Ordner **(3)** ausgewählt und in das passende Verzeichnis, über den Serverpfad **(2)** in den entsprechenden Ordner des Servers **(4)** verschoben bzw. hochgeladen. Dazu die Datei markieren und nach rechts verschieben oder die Datei markieren, einen rechten Mausklick tätigen und dann auf hochladen klicken.

Existiert eine Datei auf dem Server schon, wird eine Warnung aufkommen, dort wählen Sie einfach, Datei ersetzen bzw. Datei überschreiben. Bevor Sie später per (S)FTP im Verzeichnis arbeiten, sollten Sie immer eine Datensicherung, ein Voll-Backup durchführen. Dazu kopieren Sie einfach das komplette Root Wordpress Installationsverzeichnis, also den gesamten Verzeichnisinhalt, Stelle per (S)FTP und einem FTP Client, auf Ihren lokalen Computer. Dazu wechseln Sie auf die höchste Verzeichnisebene, markieren diese und tätigen einem rechten Mausklick, gefolgt von einem Klick auf Herunterladen. Mehr unter dem Punkt **Backup anlegen**.

Domain zuweisen

Nach Sie eine Datenbank angelegt haben, die entpackte Wordpress Dateien auf Ihrem Webspace, per (S)FTP, hochgeladen haben, müssen Sie Ihre Domain nur noch dem Verzeichnis zuweisen. Dies tun Sie bei Ihrem Hosting Anbieter.

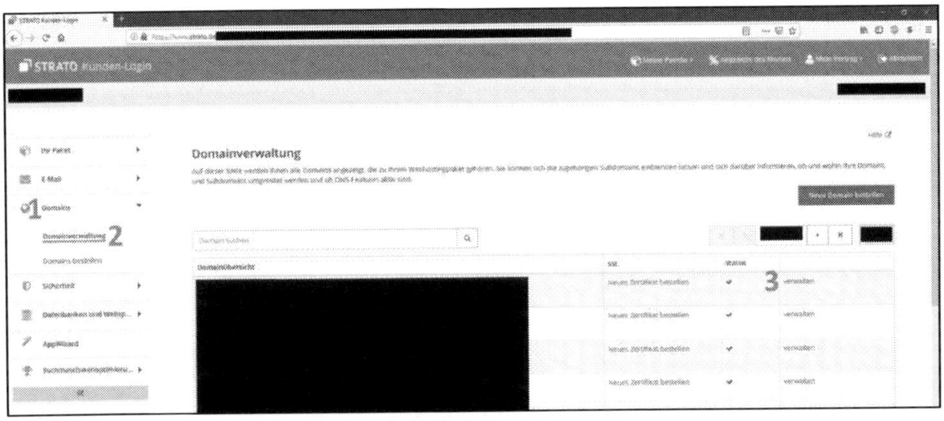

Quelle: Strato

In der Beispielkonfiguration unter Strato loggen Sie sich in Ihr Account ein und rufen Ihr Paket ab. Dort navigieren Sie links zu **Domains (1)** und dem Unterpunkt **Domainverwaltung (2)**. Jetzt wählen Sie in der Domainverwaltung Ihre Domain aus und klicken auf **verwalten (3)** rechts neben Ihrer Domain.

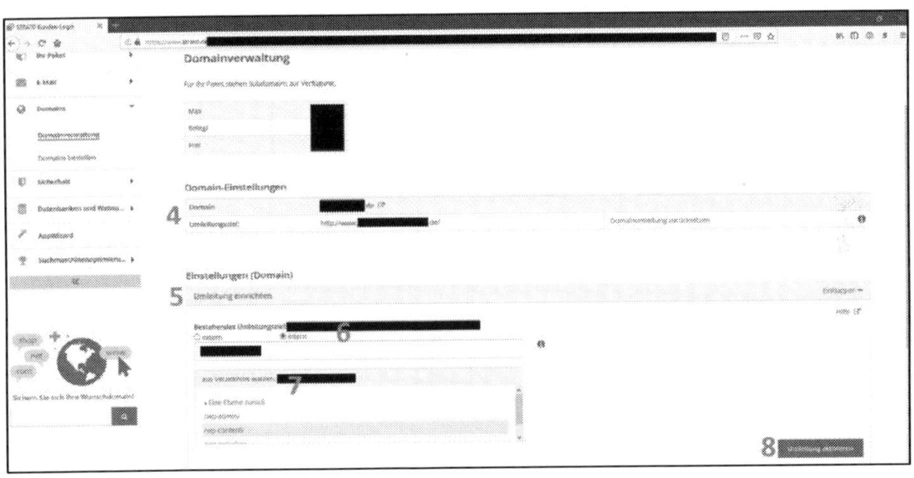

Quelle: Strato

Nun öffnet sich ein neues Fenster mit einer gesonderten Domainverwaltung. Unter dem Punkt (4) sehen Sie Ihre Domain. Öffnen Sie unter **Umleitung einrichten (5)** diesen Punkt und klicken auf **intern (6)** damit diese Domain intern umgeleitet bzw. zugeordnet wird. Unter dem Punkt aus **Verzeichnis wählen (7)** wählen Sie nun das per (S)FTP angelegte Verzeichnis aus und bestätigen diese Umleitung mit Umleitung **aktivieren (8)**.

Wordpress installieren

Bevor Sie Wordpress installieren können, muss im Vorfeld eine Datenbank angelegt werden, der entpackte Wordpress Ordner, per (S)FTP auf dem Webspace hochgeladen sein und die entsprechende Domainadresse intern auf das Verzeichnis, des Webspace, umgeleitet sein. Diese Schritte wurden bereits erklärt und sollten abgeschlossen sein, ist das nicht der Fall nehmen Sie es nach.

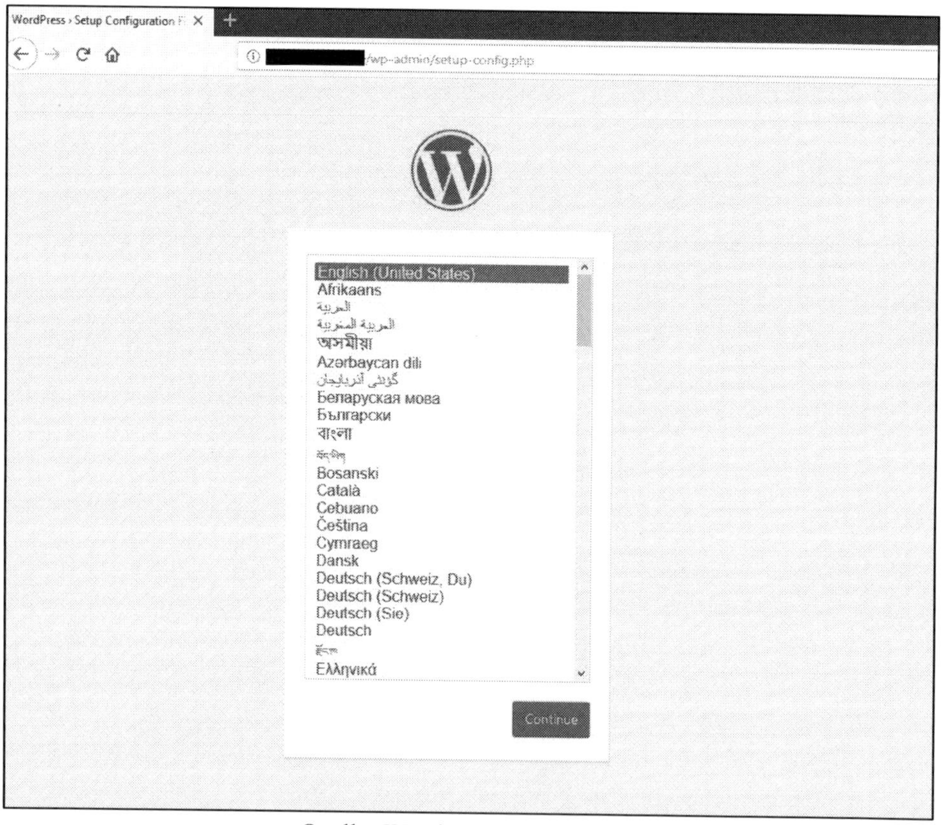

Quelle: Wordpress Installation

Wurden alle Schritte ordnungsgemäß umgesetzt, rufen Sie nun über einen Internetbrowser Ihre Domainadresse auf. Sie werden nun das Wordpress Setup sehen. Abb. Xxxx. Dort wählen Sie zunächst Ihre Sprache aus und folgen den Anweisungen.

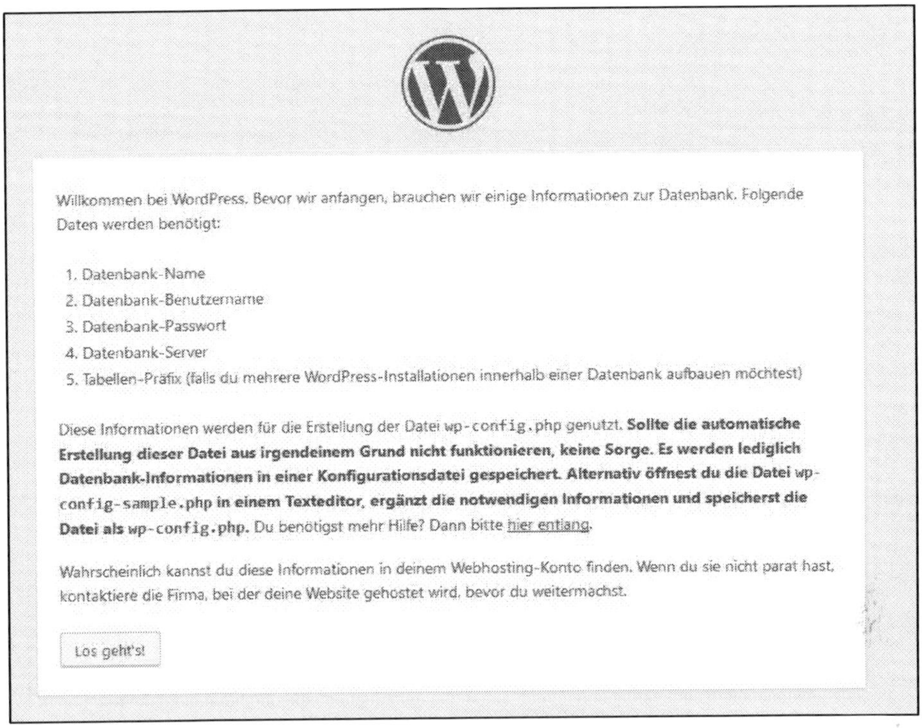

Quelle: Wordpress Installation

Es folgt ein Fenster mit einer Info was alles zur Installation benötigt wird. Legen Sie sich alles bereit und klicken Sie auf Los geht´s!

Quelle: Wordpress Installation

Tragen Sie Ihre sämtliche Informationen wie gefordert ein. Die nötigen Informationen finden Sie in Ihrem Hosting Paket, nach dem einloggen in Ihr Account oder bekommen diese von Ihrem Anbieter.

Datenbank-Name und Benutzername haben Sie sich beim Anlegen der Datenbank aufgeschriebenen, wenn nicht, finden Sie dies bei Ihrem Hosting Anbieter, nach dem einloggen auf Ihrem Account unter dem Punkt Datenbankverwaltung, je nach Anbieter. In der Beispiel Konfiguration unter Strato finden Sie eine genaue Beschreibung unter dem Punkt Datenbank anlegen, ein paar Seiten weiter hinten.

Der Datenbank-Host erfahren Sie von Ihrem Hosting Anbieter. Unter Strato ist dies **rdbms.strato.de**

Achtung beim Tabellen-Präfix! Ändern Sie dieses von wp_ in etwas völlig anderes. Dies dient der Sicherheit, unter dem Punkt Tabellen Präfix verschleiern mehr.
Diesen Punkt schließen Sie nach Eingabe aller Daten unter Senden ab.

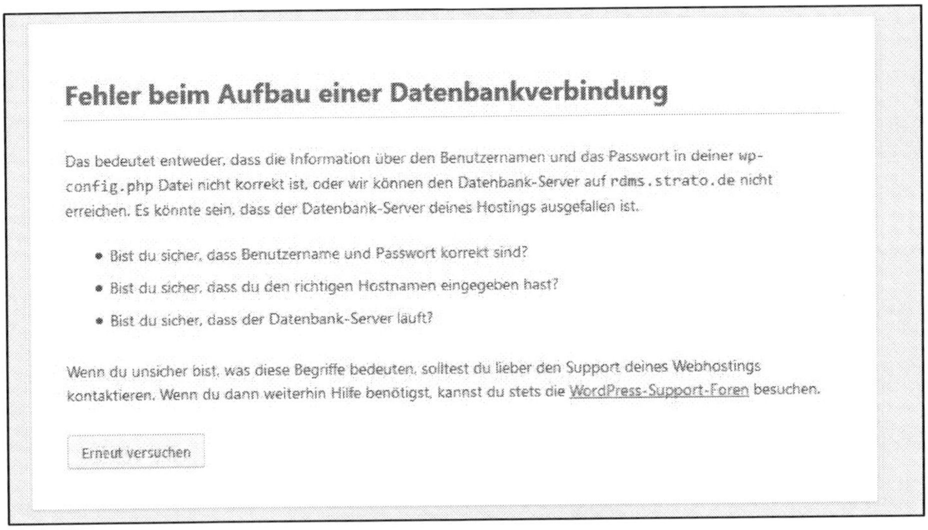

Quelle: Wordpress Installation

Wurde ein Fehler bei der Eingabe gemacht, erscheint folgende Fehlermeldung. Jetzt gilt es Ruhe zu bewahren, alles zu kontrollieren und erneut einzugeben. Dann klappt es mit Sicherheit auch.

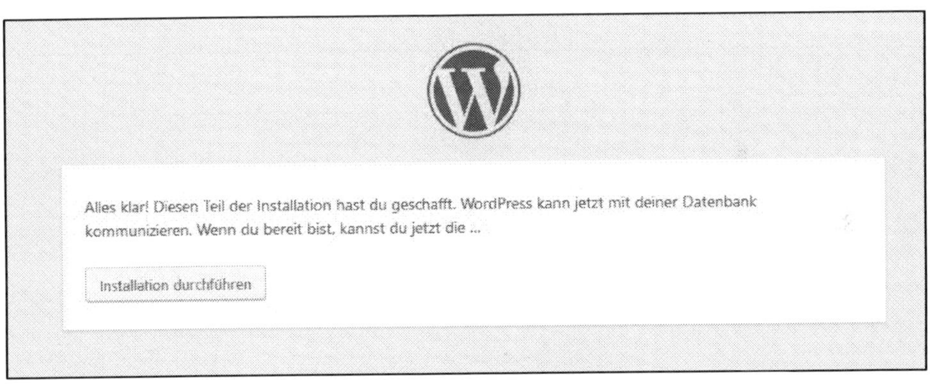

Quelle: Wordpress Installation

Hat bei Ihnen auf Anhieb alles geklappt, können Sie die Installation durchführen.

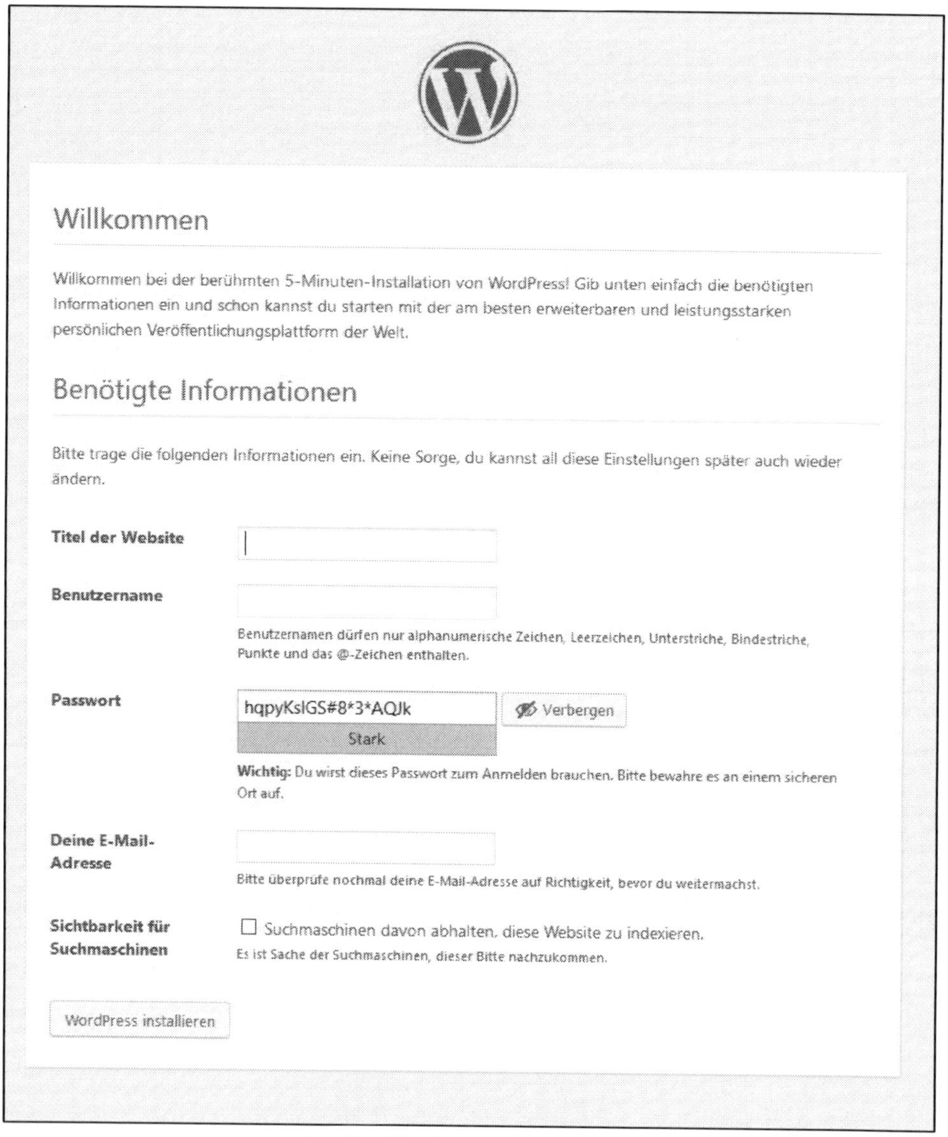

Quelle: Wordpress Installation

Dazu tragen Sie erneut die gewünschten Daten ein. Titel der Webseite ist später der Name Ihrer Webseite. Benutzername und Passwort sind frei zu wählen, um sich in das Wordpress Backend einloggen zu können. Die E-Mail Adresse dient zur Sicherheit, damit Sie bei Veränderung an der Seite automatisch informiert werden. Diese Adresse muss darf nicht bzw. sollte auf keinen Fall öffentlich nicht bekannt sein. Dazu unter dem Punkt E-Mail Adressen mehr. Diesen Punkt schließen Sie nach Eingabe aller Daten Wordpress installieren ab.

Quelle: Wordpress Installation

Damit wäre die Installation erfolgreich und Sie können sich in Zukunft unter www.Ihrer-Domain.de/wp-login.php ins Wordpress Backend anmelden.

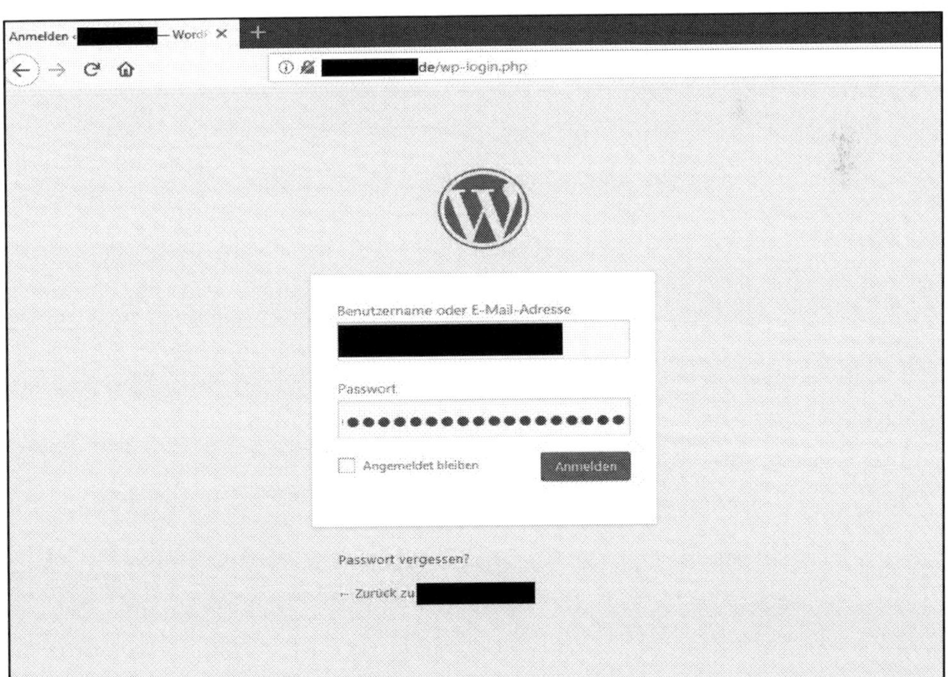

Quelle: Wordpress Installation

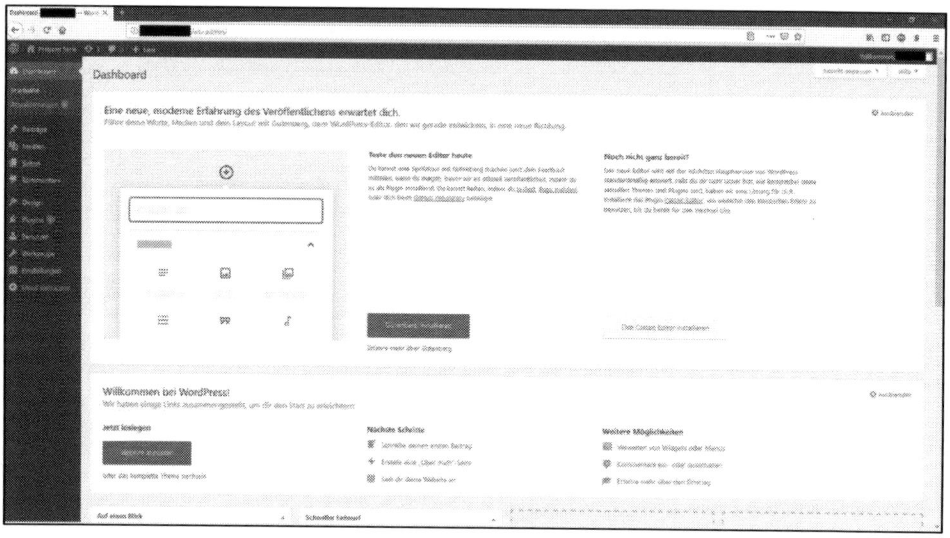

Quelle: Wordpress Installation

Herzlichen Glückwunsch, Sie haben die Wordpress Installation erfolgreich abgeschlossen und befinden sich nach dem einloggen in Ihrem Wordpress Backend. Jetzt gilt es die Seite richtig gegen Hacker und sonstige Angreifer zu schützen. Nun kommen Sie zu dem Hauptteil des Buchs. Keine Sorge es bleibt so einfach, auch sämtliche weitere Schritte sind gut dokumentiert und erklärt.

Das Wordpress Root Verzeichnis

Das Wordpress Root Verzeichnis besteht aus den nachfolgenden Dateien und bildet die höchste Verzeichnisebene in eine Wordpress Installation. Insgesamt umfasst es 3 Verzeichnisse mit jeweils diversen Unterverzeichnissen, einer Text und HTML Datei, sowie 14 PHP Dateien. Auf dieses Root Verzeichnis greifen Sie, bei Ihren Hosting Anbieter, per (S)FTP über einen FTP Client wie. z.B. FileZilla zu.

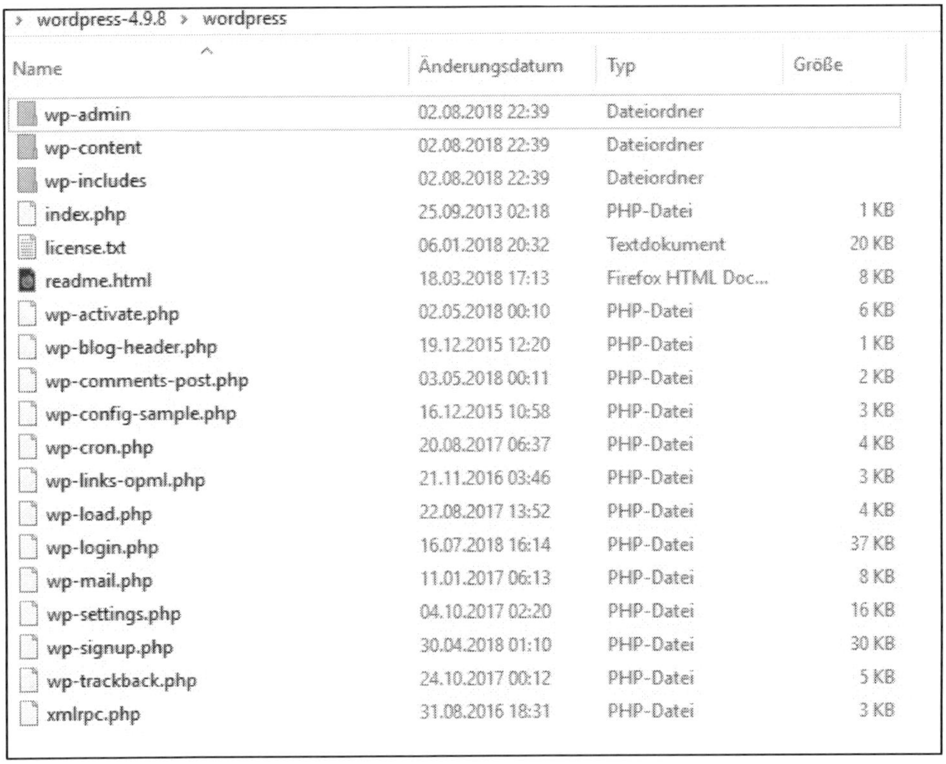

› wordpress-4.9.8 › wordpress

Name	Änderungsdatum	Typ	Größe
wp-admin	02.08.2018 22:39	Dateiordner	
wp-content	02.08.2018 22:39	Dateiordner	
wp-includes	02.08.2018 22:39	Dateiordner	
index.php	25.09.2013 02:18	PHP-Datei	1 KB
license.txt	06.01.2018 20:32	Textdokument	20 KB
readme.html	18.03.2018 17:13	Firefox HTML Doc...	8 KB
wp-activate.php	02.05.2018 00:10	PHP-Datei	6 KB
wp-blog-header.php	19.12.2015 12:20	PHP-Datei	1 KB
wp-comments-post.php	03.05.2018 00:11	PHP-Datei	2 KB
wp-config-sample.php	16.12.2015 10:58	PHP-Datei	3 KB
wp-cron.php	20.08.2017 06:37	PHP-Datei	4 KB
wp-links-opml.php	21.11.2016 03:46	PHP-Datei	3 KB
wp-load.php	22.08.2017 13:52	PHP-Datei	4 KB
wp-login.php	16.07.2018 16:14	PHP-Datei	37 KB
wp-mail.php	11.01.2017 06:13	PHP-Datei	8 KB
wp-settings.php	04.10.2017 02:20	PHP-Datei	16 KB
wp-signup.php	30.04.2018 01:10	PHP-Datei	30 KB
wp-trackback.php	24.10.2017 00:12	PHP-Datei	5 KB
xmlrpc.php	31.08.2016 18:31	PHP-Datei	3 KB

Wordpress und Server Sicherheit maximieren

Die populärsten Schwachstellen bei Wordpress

Hier möchte ich durch eine Infografik die populärsten Schwachstellen bei Wordpress aufzeigen, um dies grafisch zu verdeutlichen. Die Gemeinde der IT Sicherheitsexperten ist sich hier ziemlich einig. Nachfolgend auch meine persönliche Einschätzung, welche durch Erfahrungswerte gestärkt wird.

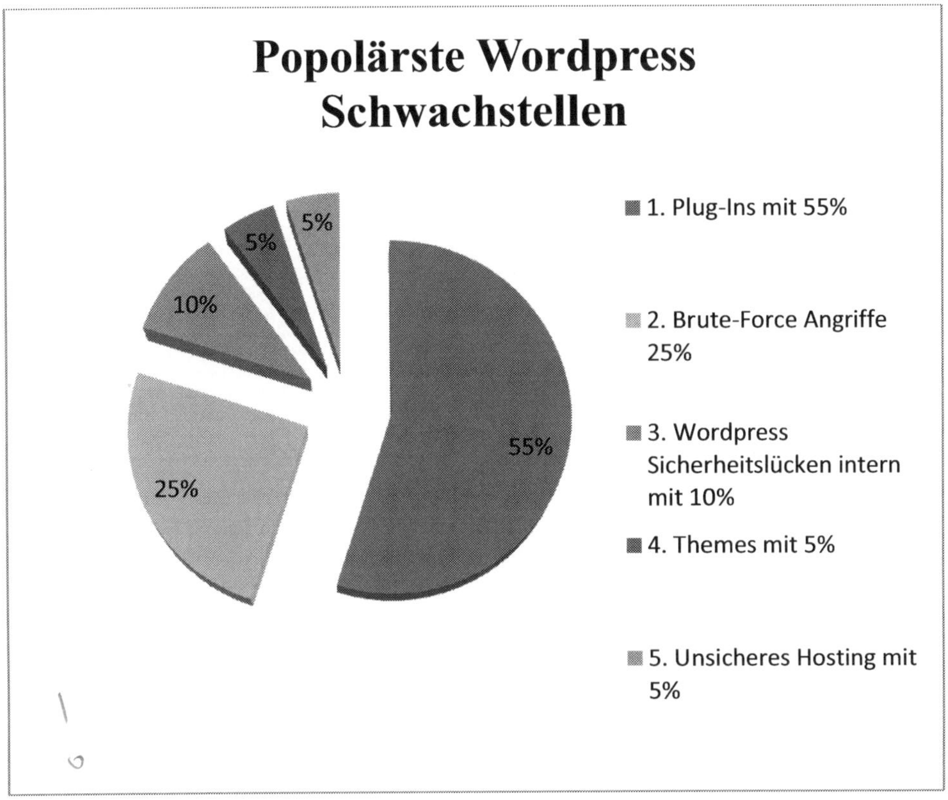

Wobei man schon folgende Prognose treffen kann, dass sich die Einfallstore über Plug-Ins und Brute-force Angriffe immer weiter vergrößern und dort um bis zu 5% zulegen. Zeitgleich gehen die internen Wordpress Sicherheitslücken immer weiter zurück, wobei dies wiederum, nur bis zum nächsten größeren Update der Fall sein dürfte. Größe Systemupdates bieten erneut viel Potenzial für interner Sicherheitslücken. Es schwang also immer etwas, was eine genaue Determinierung nicht wirklich zulässt.

Backup erstellen

Es ist auf jeden Fall zu empfehlen mindestens ein manuelles Backup Ihrer Wordpress Webseite und SQL Datenbank zu machen.

Um ein manuelles Backup Ihrer Wordpress Webseite oder Blog anzulegen, kopieren Sie einfach das komplette Root Wordpress Installationsverzeichnis, von Ihrem Webspace (Server) per (S)FTP und einem FTP Client, auf Ihren lokalen Computer. Wie Sie auf Ihren Webspace per (S)FTP und einem FTP Client zugreifen können finden Sie unter dem Punkt **FTP Client einrichten.**

Um die SQL Datenbank zu sichern, loggen Sie sich bei Ihrem Hosting Anbieter ein und greifen auf Ihre MySQL Datenbank zu. Dort finden Sie im Reiter den Punkt **Datenbank sichern bzw. exportieren**. Speichern Sie so ein Backup der Datenbank extern auf Ihrem lokalen Computer ab. Exportieren Sie eine MySQL Datenbank immer als **.sql.gz Datei**.

Zusätzlich zu dem manuell erstellten Backup können Sie noch ein Backup per Plugin machen. Dazu können Sie das Plugin **UpdraftPlus WordPress Backup Plugin** nutzen. Das Programm ist in vielen Sprachen erhältlich und selbsterklärend.

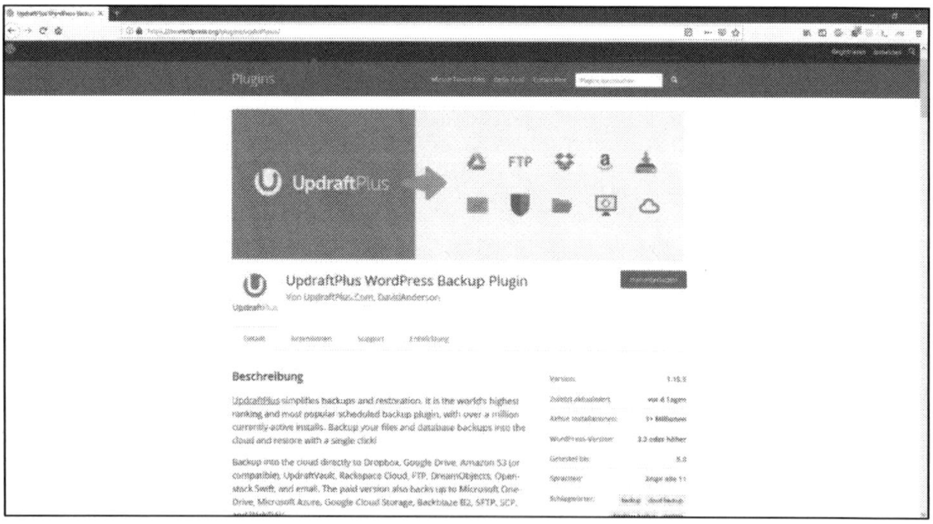

Quelle: www.wordpress.org

Passwörter richtig wählen und verwalten, Passwörter nach der Installation

Passwörter wie ABC, 0000, 1111, 1234, 123456789, password, passwort, qwertz, das eigene Geburtsdatum, persönliche Daten, Namen etc. oder ähnliches sind leider keine Seltenheit und von der Sicherheit aus betrachtet, so sicher als hätte man kein Passwort gesetzt.

Durch automatisierte Brute Force Angriffe mit Wörterbüchern, werden vereinfacht erklärt, nach und nach alle bekannten Wörter und Daten über das Opfer, welche ein Angreifer über dieses in Erscheinung gebracht hat, sowie sonst alle weiteren möglichen Kombination, solange durchprobiert, bis das Passwort geknackt ist. Bei oben genannten Beispielen dauert dies keine 60 Sekunden und ist von jedem besserem Hobby Hacker, welche unter den Script Kinder stehen zu meistern.

Dies kann man sich am besten mit einem Zahlenschloss mit 3 Zahlenreihen von 1-9 vorstellen. Das Schloss hat demnach 9x9x9 oder als 9^3 geschrieben, mögliche Kombinationen, was als Zahl die 729 ergibt. Bei dem Brute Force Angriff werden, dann nach und nach, alle 729 Möglichkeiten eingegeben und getestet, bis irgendwann der richtige Code gefunden ist und das Schloss sich öffnet. Aus diesem Grund sollten auch immer lange Passwörter mit diversen Zeichenketten genutzt werden, später mehr.

Trotz massiver Aufklärung in der Öffentlichkeit und durch unzählige Berichte über Datenskandale sowie Hackangriffe in den Medien, scheint es die Bevölkerung nicht wirklich zu kümmern, ob ihr Passwort sicher ist oder nicht. Dank solch einer Einstellung haben es Kriminelle in der digitalen Welt leicht und können nach Belieben Schaden anrichten. Daher sollte man ein sicheres Passwort wählen um nicht selbst zum Opfer zu werden.

Als gute Richtwerte sollten folgende Punkte beachtet werden.

- Passwortlänge min. 28 Zeichen, Groß- und Kleinschreibung, Zahlen und Sonderzeichen in sinnloser Kombination, die man sich einprägen muss. Eselsbrücken können beim Lernen helfen.

  So kann man sich z.B. das Passwort **:„MAmB6idsigLus94eOmrH-Nw$s!"** mit einer einfachen Eselsbrücke merken. Man bildet Sätze, die man auswendig lernt und nimmt dann z.B. immer den ersten Buchstaben eines jeden Wortes und setzt den Satz in eine Aussage mit Anführungszeichen Satzanfang und Ende „" oder in Klammern ( ) [ ].

  :„**M**ein **A**uto **m**it **B**aujahr **60** **i**st **d**as **s**chnellte **i**m **g**anzen **L**and **u**nd **s**eit 19**94** **e**in **O**ldtimer **m**it **r**oter **H-N**ummer **w**as **$** **s**part **!"**

  Schon hat man ein sehr starkes Passwort und spätestens nach dem 50x eingeben vergisst man es nie wieder. Anfangs lernte ich meine Passwörter noch ohne Eselsbrücke, was nur eine bestimmte Zeit gut ging, mit der Zeit wurden es immer mehr Passwörter und dann kann man sich ohne eine Eselsbrücke nur schwer alle merken. Dies musste ich schmerzlich lernen, so verlor ich mehrere verschlüsselte Datenträger die ich einfach nicht mehr entschlüsselt bekam. So war meine gesamte Urlaubsvideosammlung weg.

- Es sollten niemals zwei gleiche oder ähnliche Passwörter genutzt werden.

- Nutzen Sie verschiedene, nicht öffentlich bekannte und absurde E-Mail Adressen. So kann niemand auf Ihre E-Mail Adresse schließen. Ein eigener E-Mail Server mit Verschlüsselung kann für versierte Nutzer sinnvoll sein.

- Passwörter könnten mit Passwortgeneratoren erstellt werden, was jedoch mit Vorsicht zu genießen ist. So könnten Programmierer mit böser Absicht die generierten Passwörter speichern und als Datensatz, für Wörterbuch Angriffe verkaufen. Daher bevorzuge ich das händische erstellen.
- Gleiches gilt bei Passwort-Tresoren, denn wer garantiert mir, dass meine Daten, von der Software, nicht im Hintergrund hochbeladen werden. Käufer würde es genug geben und Regierungen könnten diese Daten einfach so abgreifen, dank Hintertür und Abkommen *(National Security Letter etc.)* mit den Herstellern. Daher gilt auch hier, Vorsicht ist geboten. Alternativ könnte man seine Passwörter in verschlüsselte Textdokumente, Bilder oder sonstige Daten schreiben. So muss man sich nur ein extrem starkes Passwort merken und hat immer die volle Kontrolle.

- Lassen Sie Passwörter nie auf einem Zettel neben dem Computer, unter der Tastatur liegen oder am Monitor kleben.

- Geben Sie ihr Passwort nie weiter und geben sie es nur auf heimischer bzw. vertrauter Hardware ein. Nur so können Sie Keylogger ausschließen.

- Lassen Sie niemanden dabei zusehen wie Sie ihr Passwort eingeben.

Passwörter nach der Installation

Es ist so, dass die meisten neuen Webseiten in der ersten Konfiguration auf eine htpp:// Domain ohne SSL Zertifikat installiert werden und erst nach der Wordpress Installation ein SSL Zertifikat bestellt, eingerichtet, sowie konfiguriert wird.

Dies bedeutet im Umkehrschluss, dass die bei der Wordpress Installation eingegebenen Passwörter, für die MySQL Datenbank, den Admin Benutzer-Account, sowie der Name des Admin Account unverschlüsselt übertragen wurden. Es besteht daher die Möglichkeit, zwar gering aber dennoch realistisch, dass Ihre Daten im Klartext abgefangen wurden und somit nicht mehr sicher sind. Jetzt gibt es zwei Optionen um damit umzugehen, welche ich nachfolgend aufführe. Entweder Sie denken, dass dies eine absolut paranoide Vorstellung ist und ignorieren die unwahrscheinliche Bedrohung oder Sie nehmen diese Warnung ernst und handeln. Dazu loggen Sie sich bei Ihrem Hosting Anbieter ein, navigieren zu den Datenbankeinstellungen und ändern das Passwort der betroffenen Datenbank. Anschließend schalten Sie sich über Ihren FTP Client auf Ihren Webspace in Ihr Wordpress Root-Verzeichnis auf.

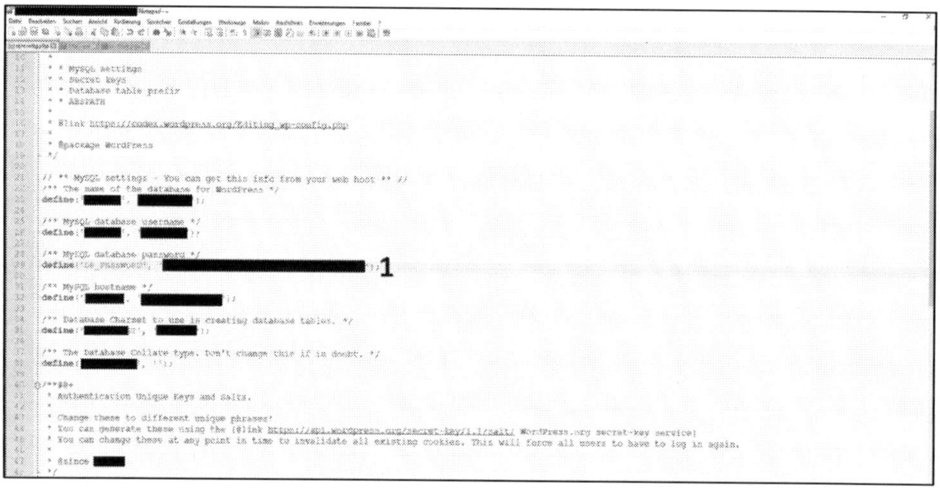

Dort ändern Sie in der wp-config.php Datei bei ~ Zeile 20 – 30 (1) unter:

```
/** MySQL database password */
define('DB_PASSWORD', 'XXXXXXXXXXXXXXXXXXXXXXXXXXXXXXXXXXXXXX');
```

das Passwort. XXXXX… steht als Platzhalter für Ihr neues Passwort.

Die Datei wp-config.php finden Sie in Ihrem Root Verzeichnis der Wordpress Installation, bei Ihrem Hosting Anbieter, auf das Sie per (S)FTP über einen FTP Client wie. z.B. FileZilla zugreifen können.

Abschließend müssen Sie sich noch in Ihr Wordpress Backend einloggen und dort einen neuen Benutzer-Account mit Admin-Rechten anlegen. Testen Sie den neuen Nutzer durch ein Login. Wenn alles funktioniert. löschen Sie den alten Admin Account. Bevor Sie damit loslegen, legen Sie ein Datenbank Backup und eine Backup der Datei wp-config.php an. Nur für den Fall der Fälle, eine Anleitung finden Sie dazu im Buch.

Benutzerrollen und User Rechte unter Wordpress

Unter einer Wordpress Installation gibt es mehrere Benutzerrollen, welchen man angelegten Benutzer Accounts zuteilen kann. Diese dienen dazu Usern, welche an Ihrer Webseite mitarbeiten, Rechte einzuräumen und diese entsprechend zu konfigurieren. Es gibt fünf Benutzerrollen, welche nachfolgend beschrieben werden. Geben Sie am besten nur Mitarbeiter und Autorenrechte raus. Denken Sie daran, dass Sie als Betreiber für Fehler bei z.B. Datenschutz oder Urheberrechtsverletzungen durch Mitarbeiter Haftbar sind. (Dies ist keine Rechtsberatung)

- **Administrator**
  Ein Administrator hat vollen und eingeschränkten Zugriff auf die gesamte Wordpress Webseite oder Blog. Er kann sämtliche Einstellungen ändern von Seiten über Beiträge bis zu Plug-Ins und Themes. Selbst das Löschen der gesamten Webseite ist möglich. Pro Webseite / Blog sollten nur ein Administrator eingesetzt werden, was in der Regel Sie sein sollten. Geben Sie niemanden die Administrator Rechte.

- **Redakteur**
  Ein Redakteur kann jede Seite und Beitrag einsehen, verändern, veröffentlichen und löschen. Er kann Bilder und Videos hochladen, Links verwalten und Tags setzen.

- **Autor**
  Ein Autor kann seine eigenen Beiträge bearbeiten, veröffentlichen, löschen und er kann Bilder und Videos hochladen. Ein Auto kann keine Seite, hinzufügen, bearbeiten, löschen oder veröffentlichen.
- **Mitarbeiter**
  Ein Mitarbeiter kann eigene Beiträge bearbeiten aber nicht veröffentlichen. Beiträge von Mitarbeiter müssen einem Administrator zur Sichtung vorgelegt werden. Wurde ein Beitrag genehmigt kann er von dem Mitarbeiter nicht mehr bearbeitet werden.
- **Abonnent**
  Ein Abonnent hat keine Rechte an Ihrer Webseite oder Blog und wird lediglich bei Änderungen oder Neuerscheinungen informiert.

Usernamen

Verzichten Sie auf bekannte Usernamen wie Admin, Administrator, User oder ähnliche. Auch Ihr eigener Vorname und Name, Spitznamen, bekannte Account-Namen z.B. Gamername und Gamertag, oder sonstige Namen die persönliche Informationen enthalten, sind ein NO-GO und sollten nicht gewählt werden.

Öffentliche User

Achten Sie darauf, dass Ihr öffentlicher User (Namen) mit dem Sie Artikel schreiben und veröffentlichen nur die niedrigsten Rechte als Mitarbeiter zugewiesen hat und niemals die Rechte des Administrators. Dies hat folgenden Hintergrund.

Schreiben Sie als Administrators Artikel und Beiträge, taucht zwangsläufig irgendwo dieser Admin Namen, je nach Einstellungen unter oder bei dem Artikel auf, welcher auch zeitgleich ein Login Name für Ihr Wordpress Backend ist. So wissen potenzielle Angreifern Ihren Administrator Login Namen, was schlecht ist. Gelingt diesen dann auch noch das Passwort zu knacken, hat der oder die Angreifer vollen Zugriff auf Ihr Backend und somit alle Einstellungen. Hier kann nun maximaler Schaden angerichtet werden.

Veröffentlichen Sie stattdessen unter einem zweiten User (Namen) der nur Mitarbeiter Rechte genießt, ist es kein Problem wenn dieser öffentlich bekannt ist und im schlimmsten Fall geknackt wird. Loggt der Angreifer sich dann über den Mitarbeiter Namen ein, kann er nichts anrichten. Wurde ein Beitrag unter Mitarbeiterrechten geschrieben und durch Sie mit Ihrem Admin Account genehmigt und veröffentlicht, kann dieser Beitrag von dem Mitarbeiter Account nicht mehr bearbeitet werden. Also kann der Angreifer in Ihrem Wordpress Backend nur neue Artikel schreiben aber nicht veröffentlichen, da diese erst durch Sie mit dem Administrator User (Account) genehmigt werden muss.

Über Berechtigungen finden Sie unter dem Punkt **Benutzerrollen und User Rechte unter Wordpress** mehr. Den Benutzer selbst teilen Sie die Rechte im Wordpress Backend unter Benutzer zu.

Keine öffentliche E-Mail Adressen

Verwenden Sie niemals Ihre im Impressum, Kontaktformular, auf Visitenkarten oder sonst wo angegebene E-Mail Adresse als Wordpress oder sonstige Login Adresse. Sämtliche E-Mail Adressen die Sie nutzen, um sich irgendwo auf Ihre Server, Hoster, Wordpress Backend oder ähnliche Sicherheitsrelevanten Bereiche, einzuloggen dürfen niemals öffentlich einsehbar oder bekannt sein. Diese Adressen darf niemand außer Sie und evtl. noch Ihr Team, die unbedingt Zugriff auf diese Bereiche haben muss, kennen. Gehen Sie daher bei Ihren Angestellten unbedingt nach dem Prinzip **Need-to-Know Prinzip** (Kenntnis nur bei Bedarf) vor.

Eigener Mailserver

Wenn Sie keinen eigenen Mailserver betreiben, sind sämtliche Daten und Informationen Sie sie per E-Mail empfangen und senden, den Anbieter bzw. Betreiber des E-Mails Dienst im Klartext frei zugänglich. Natürlich können Sie die Mails verschlüsseln aber welcher normale Kunde nimmt diesen Mehraufwand in Kauf oder ist überhaupt in der Lage dies zu tun. Es müssen erst öffentliche und nicht öffentliche Schlüssel ausgetauscht werden und dafür wird ein Mindestmaß an technischem Verständnis vorausgesetzt, welches oft fehlt. Darüber hinaus werden kaum bis keine Emails verschlüsselt von Drittanbieter versendet weil es einfach zu aufwendig ist. Oder haben Sie schon jemals eine verschlüsselte Email zum Passwort zurücksetzten oder eine verschlüsselte Bestellbestätigung bekommen, ich glaube nein?

Nicht nur das die Anbieter Ihre Daten frei einsehen können, auch bei einem Hackangriff auf Ihren Anbieter sind Ihre Daten in Gefahr. So ist es keine Seltenheit das selbst große Anbieter wie Yahoo gehackt und so Millionen Nutzerdaten gestohlen wurden. Hat man erst mal Zugriff auf die E-Mailadresse kann man alle Konten und Accounts die mit dieser Adresse registriert wurden unwiederbringlich kapern. Was man dagegen tun kann nachfolgend.

- Nutzen Sie einen E-Mail Anbieter so löschen Sie immer sofort sämtliche Daten aus dem Postfach oder nutzen gleich eine E-Mail Programm wie z.B. Thunder Bird. Dort richten Sie Ihre Email Adresse als POP3 ein. POP3 sorgt dafür, dass Ihre E-Mails von dem Server der E-Mail Anbieter auf Ihren lokalen PC heruntergeladen und anschließend auf dem fremden E-Mail Server gelöscht werden. So ist Ihr Postfach immer leer.

- Denken Sie darüber nach einen eigenen Mailserver zu konfigurierten. Es gibt neben kommerziellen Lösungen wie Microsoft Exchange viele kostenlose Open-Source Programme.

User ID auslesen blockieren

Mit dem Anhang **/?author=1** an Ihre URL, wie z.B. https://www.ihre-seite.de**/?author=1** wird der User mit der ID1 ausgelesen und in der URL Leiste angezeigt. Ersetzt man die 1 durch eine 2 und immer so fortlaufend, kann man so jeden User auslesen. Mit Hand ist das ganze unterfangen zeitaufwendig und nervig. Um das zu Umgehen ist in wenigen Minuten ein vollautomatisiertes Skript geschrieben, dass eigenständig die Zahlen hoch zählt und Treffer in einer Textdatei speichert. So können Hacker quasi im Blindflug Ihre regestierten Benutzernamen (User) herausfinden. Um dies zu verhindern schreiben Sie folgenden Code in Ihre .htaccess Datei.

In .htaccess eintragen

```
# User ID auslesen blockieren
RewriteEngine On
RewriteBase /
RewriteCond %{QUERY_STRING} .*author=(.+.?) [NC]
RewriteRule (.*) /blog/?author= [NC,L,R=301]
```

Die Datei .htaccess finden Sie in Ihrem Root Verzeichnis der Wordpress Installation, bei Ihrem Hosting Anbieter, auf das Sie per (S)FTP über einen FTP Client wie. z.B. FileZilla zugreifen können. Darüber im Kapitel Wordpress Schnellstart und unter .htaccess anlegen mehr.

Alternativ könnte man das **Plugin Edit Author Slug** nutzen, um den Autorennamen zu verschleiern. Diese Lösung ist jedoch nicht zufriedenstellend und der User ist trotzdem auslesbar und hat nicht denselben Effekt wie über den Code in der .htaccess Datei.

„Hack bzw. Fehler nutzen" experimentell! Ist das Plugin Edit Author Slug aktiviert und man gibt unter Costum (Benutzername) den Usernamen **%fbi** ein, so wird ein Fehler, bei der **/?author=1** Abfrage ausgelöst und auf eine 404 Seite weitergeleitet. Ich empfehle aber immer den oben genannten Weg über die .htaccess zu wählen.

Registrierungen deaktivieren

Lassen Sie nicht zu das man sich bei Ihnen auf der Webseite oder Blog registrieren kann. Erstens ist es total unnötig und zweitens verbraucht es Performance und ist ein Sicherheitsrisiko. Daher sollten Sie die Registrierung deaktivieren. Loggen Sie sich in Ihr Wordpress Backend ein und navigieren unter **Einstellungen (1)**, sowie zum Unterpunkt **Allgemein**. Dort entfernen Sie, falls unter **Mitgliedschaft (2)** ein Harken gesetzt ist diesen. Das Feld Jeder kann sich regestieren muss leer sein.

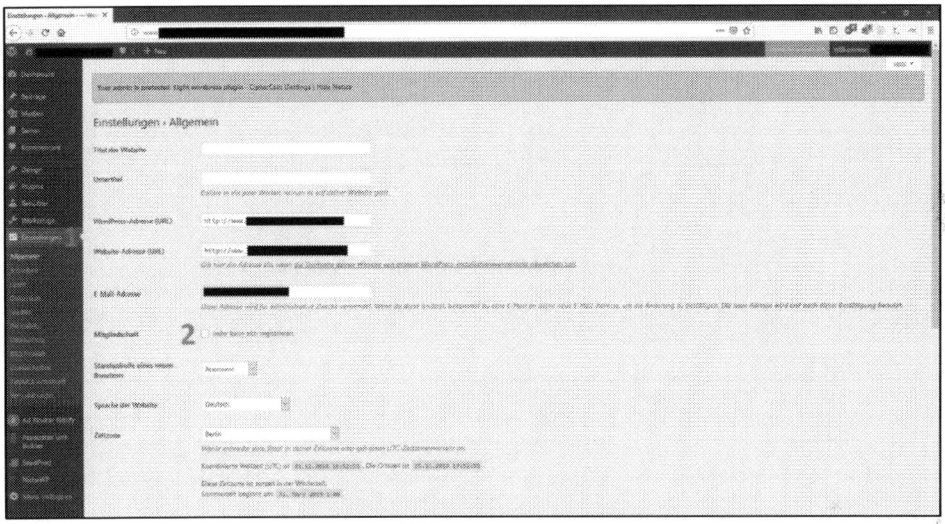

Quelle: Wordpress Backend

Tabellenpräfix verschleiern

Standardmäßig heißt der Tabellen Präfix, einer MySQL Datenbank, bei Wordpress Installationen **wp_** oder wird als solcher angeben. Dies liegt daran, dass bei der Wordpress Installationen unter Tabellen-Präfix als Vorschlag **wp_** steht, siehe Abbildung. Die Mehrheit lässt dies einfach stehen, kaum jemand trägt etwas anderes ein und dadurch haben Hacker ein leichtes Spiel. In 80 bis 90% der Fälle ist dies der Fall.

Quelle: Wordpress Installation

Daher sollten Sie Ihren Tabellenpräfix unbedingt in etwas Abstraktes ändern, so könnte man diesen z.B. BjU487_ oder ähnlich nennen. Wichtig ist nur, dass dieser nicht wp_ heißt. Am besten nennen Sie diesen gleich am Anfang, einer neuen Wordpress Installation um. Damit haben Sie es am leichtesten und später keine Probleme beim Umbenennen in der MySQL Datenbank.

Falls Ihre Webseite schon im Betrieb ist und die dazu gehörige Datenbank mit wp_ arbeitet, ist dies auch nicht gleich der Weltuntergang, aber die Änderung ist mit ein paar Minuten Arbeit verbunden. Dazu müssen Sie sich bei Ihrem Hosting Anbieter einloggen und die entsprechende Datenbank aufrufen und vor irgendeiner Änderung eine Sicherung machen. Sollte etwas schief gehen, können Sie die Datenbank, dank Backup, wieder zurücksetzten und verlieren dadurch nicht gleich Ihre gesamte Webseite.

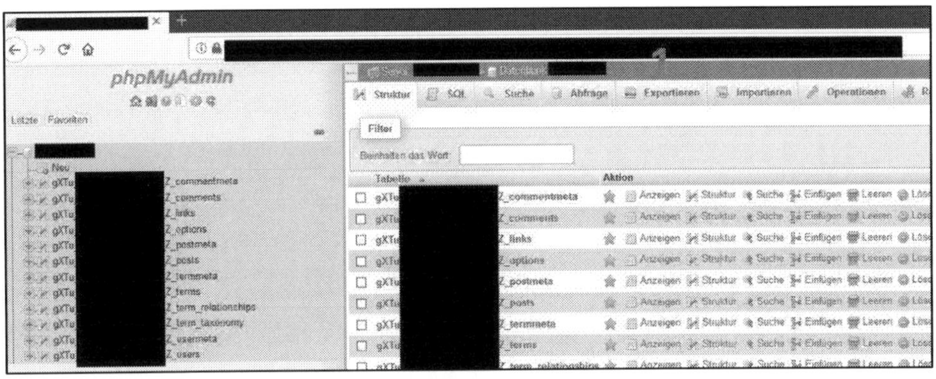

Quelle: phpMyAdmin

Um die Datenbank zu sichern, loggen Sie sich bei Ihrem Hosting Anbieter ein und greifen auf Ihre MySQL Datenbank zu. Dort finden Sie oben im Reiter den Punkt **Datenbank sichern bzw. exportieren (1)**. Speichern Sie so ein Backup der Datenbank extern auf Ihrem lokalen Computer ab. Exportieren Sie eine My SQL Datenbank immer als **.sql.gz Datei**.

Tabellenpräfix andern Weg 1

Es gibt nun mehrere Möglichkeiten das Tabellenpräfix zu ändern. Nachfolgend das ändern über markieren und Tabellenpräfix ersetzten in der Datenbank. Dies funktioniert nur bei neueren „MySQL Datenbanken“ unter PHPMyAdmin.

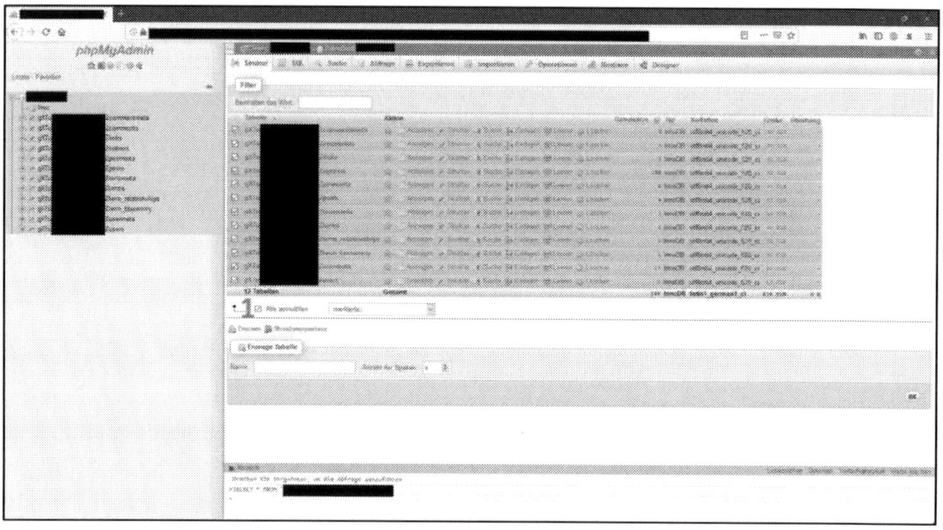

Quelle: phpMyAdmin

Ich möchte das alte Tabellenpräfix „**gXTuZ**“ durch das neue „**gXTuZ_**“ Tabellenpräfix ersetzen. Sie tragen nachfolgend natürlich Ihr altes Tabellenpräfix ein und das gewünschte neue. Wählen Sie dazu links die Datenbank im obersten Verzeichnis, durch Anklicken aus. Nun markieren Sie alle Tabellen unter dem Punkt **Alle auswählen (1)**.

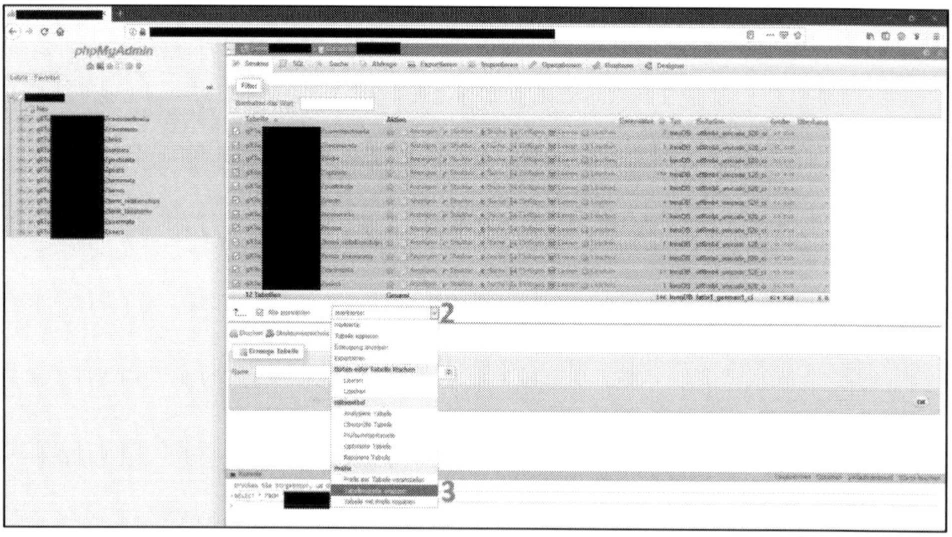

Quelle: phpMyAdmin

Nun sind alle Tabellen markiert und Sie klicken auf den **Pfeil nach unten (2)**, sowie anschließend auf **Tabellenpräfix ersetzen (3)**.

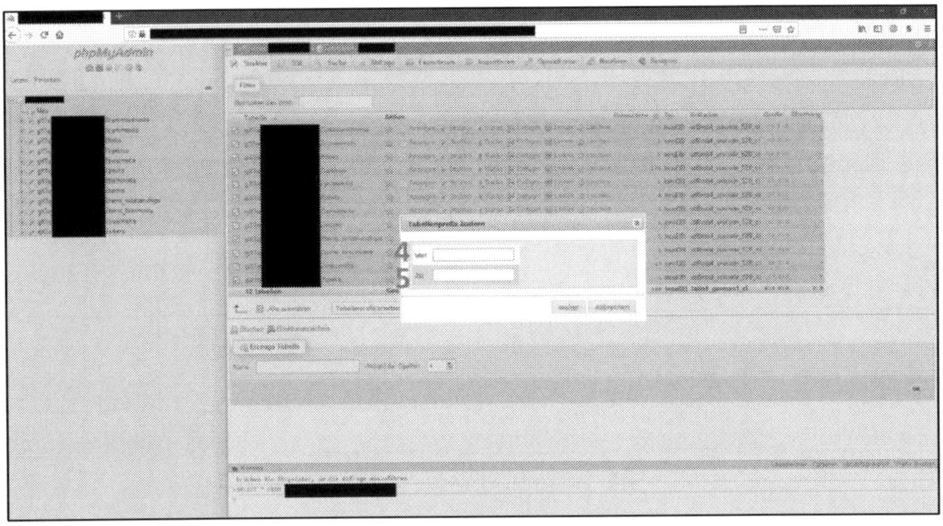

Quelle: phpMyAdmin

Nun öffnet sich mittig ein neues Fenster mit der Überschrift **Tabellenpräfix ändern**. Dort tragen Sie unter **Von (4)**, Ihr altes Tabellenpräfix ein, in diesem Beispiel **„gXTuZ"** und unter **Zu (5)** Ihr neues Tabellenpräfix, in diesem Beispiel **„gXTuZ_"** und bestätigen mit weiter.

<u>! Sie müssen die Tabellenpräfixe aus diesem Beispiel natürlich an Ihre anpassen !</u>

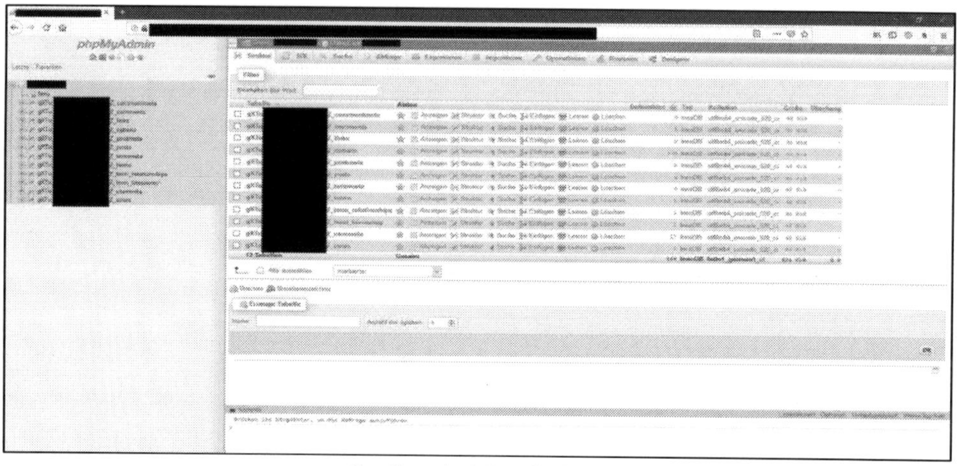

Quelle: phpMyAdmin

Hierdurch wurde das alte Tabellenpräfix fast vollständig ersetzet. Wie auf den Bildern zu sehen ist wurde aus dem alten Präfix „**gXTuZ**“ das neue „**gXTuZ_**“ Präfix. Es fehlen allerdings noch zwei weitere Schritte.

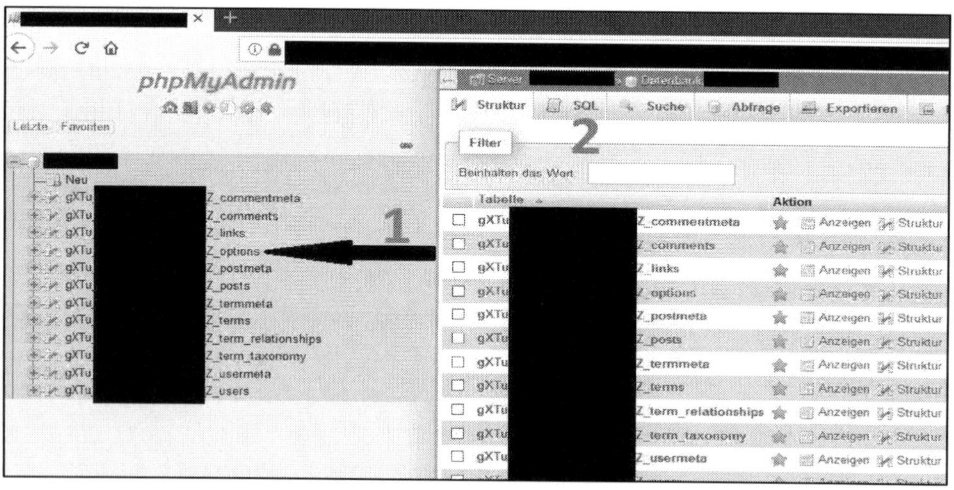

Quelle: phpMyAdmin

Jetzt müssen Sie nur noch kontrollieren ob in der options und usermeta-Tabelle eine Änderung vorgenommen werden muss. Dort wird in der Regel immer noch auf das alte Tabellenpräfix verwiesen geändert werden muss. Um dies herauszufinden, klicken Sie links auf die Options-Tabelle **(1)** in Ihrer Datenbank und wechseln oben in den **SQL Reiter (2)**. Dann geben die nachfolgende Anweisung ein.

Diese Anweisung listet dann alle Tabelleneinträge mit dem alten Tabellenpräfix in der Options-Tabelle auf.

```
SELECT * FROM gXTuZ_options WHERE option_name LIKE '%gXTuZ%'
```

Das fett hinterlegte **gXTuZ_** am Anfang der Anweisung ist das neue Tabellenpräfix, welches natürlich durch Ihr neues Tabellenpräfix ersetzt wird. Das fett hinterlegte **gXTuZ** am Ende der Anweisung ist das alte Tabellenpräfix, welches ebenfalls durch Ihr altes Tabellenpräfix ersetzt wird.

Werden Einträge mit dem alten Tabellenpräfix gefunden, müssen diese von Hand geändert werden. Dazu klicken Sie bei dem aufgelisteten Eintrag mit altem Tabellenpräfix links auf das Editiersymbol Bleistift. Dadurch öffnet sich eine neue Ansicht, bei der Sie das alte Tabellenpräfix durch ein neues ersetzen. Klicken Sie einfach auf den Namen und ersetzen dies und bestätigen mit ok.

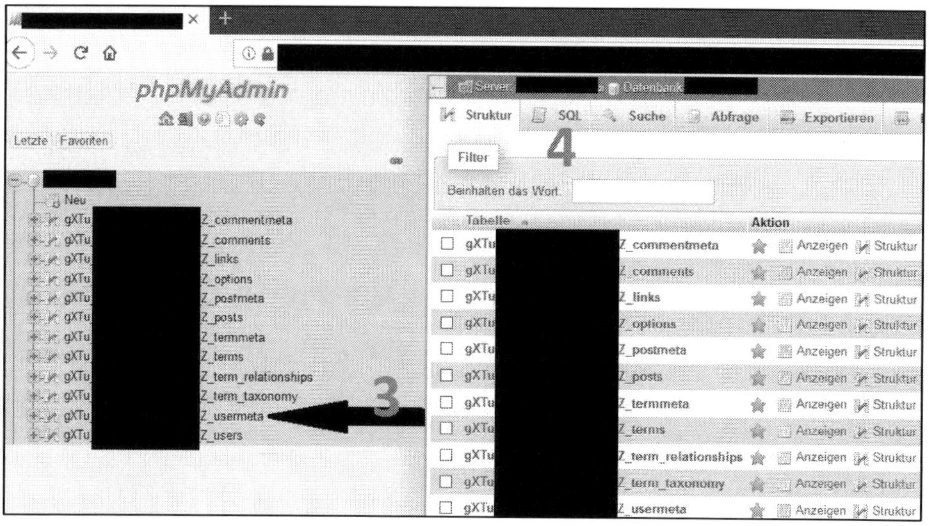

Quelle: phpMyAdmin

Diese Prozedere gehen Sie nun bei allen gefunden Einträgen durch. Sind Sie unter der Tabelle options fertig, wechseln Sie rechts mit einem Mausklick auf die **usermeta Tabelle (3)** und wechseln erneut oben in den **SQL Reiter (4)**.

Hier geben die folgende Anweisung ein. Auch diese Anweisung listet alle Tabelleneinträge mit dem alten Tabellenpräfix in der usermeta-Tabelle auf.

```
SELECT * FROM gXTuZ_usermeta WHERE meta_key LIKE '%gXTuZ%'
```

Das fett hinterlegte **gXTuZ_** am Anfang der Anweisung ist das neue Tabellenpräfix, welches natürlich durch Ihr neues Tabellenpräfix ersetzt wird. Das fett hinterlegte **gXTuZ** am Ende der Anweisung ist das alte Tabellenpräfix, welches ebenfalls durch Ihr altes Tabellenpräfix ersetzt wird.

Hier wiederholt sich das Ganze. Werden Einträge mit dem alten Tabellenpräfix gefunden, müssen diese von Hand geändert werden. Dazu klicken Sie bei dem aufgelisteten Eintrag mit altem Tabellenpräfix links auf das Editiersymbol Bleistift. Dadurch öffnet sich eine neue Ansicht, bei der Sie das alte Tabellenpräfix durch ein neues ersetzen. Klicken Sie einfach auf den Namen und ersetzen dies und bestätigen mit ok. Diese Prozedere gehen Sie erneut bei allen gefunden Einträgen durch. Sollten spezielle Plug-Ins Einträge in der Datenbank vorgenommen haben, müssen Sie zu diesen navigieren und ggf. das alte Tabellenpräfix bei jeder Datei von Hand über das Editiersymbol Bleistift, in das neue Tabellenpräfix ändern.

Nach dem alle Änderungen getätigt wurden, verlassen Sie Ihre Datenbank und rufen Ihre Webseite in einem Browser, im Frontend auf und testen diese ausgiebig. Dasselbe tun Sie nach dem einloggen in das Backend. Läuft alles stabil ohne Fehler, ist alles erfolgreich über die Bühne gegangen. Treten Fehler auf, müssen Sie alles erneut kontrollieren, auf Fehlersuche gehen und im Zweifel das Datenbank Backup in der MySQL Datenbank importieren, sowie wiederherstellen. Dann heißt es, alle Schritte wieder auf Anfang und erneut gewissenhaft umsetzen.

In einzelnen Fällen kann es sein, dass im Root Verzeichnis der Wordpress Installation, in der PHP Datei wp-config.php eine Zeile von Hand geändert werden muss. Ändern Sie dies erst wenn es zu Problemen kam. Dazu greifen Sie über ein FTP Client per (S)FTP auf Ihren Webspace, bei Ihrem Hosting Anbieter zu. Dort navigieren Sie zu der wp-config.php Datei. Diese laden Sie lokal als Backup auf Ihren Computer runter und ändern anschließend die Datei, im FTP Client, auf dem Server durch anklicken und ändern. Dort suchen Sie in der geöffneten PHP Datei die Zeile:

```
$table_prefix = 'ihr-altes-Tabellenpräfix';
```

und ändern diese in

```
$table_prefix = 'ihr-neues-Tabellenpräfix';
```

Anschließend speichern und schließen Sie diese Datei. Alternativ können Sie die Datei auch auf Ihrem Computer in einem Texteditor oder Notepad++ öffnen und ändern, sowie anschließend wieder auf den Server hochladen. Denken Sie jedoch an ein Backup der Datei.

Tabellenpräfix andern Weg 2

Betrieben Sie noch eine ältere „MySQL Datenbank" bzw. PHPMyAdmin Version wird der oben beschriebene Weg über den Punkt alle auswählen etc. nicht funktionieren. Hier müssen Sie die Änderung über eine SQL Anweisung durchführen. Wählen Sie dazu links die Datenbank im obersten Verzeichnis, durch Anklicken aus und wechseln in den Reiter SQL. Dort geben Sie folgende Anweisung ein.

Dabei steht jeweils das fette **alt_** als Platzhalter für Ihr altes Tabellenpräfix und das fette **neu_** als Platzhalter für Ihr neus Tabellenpräfix. Dies müssen von Ihnen durch Ihre Präfixe angepasst werden.

```
RENAME table 'alt_commentmeta' TO 'neu_commentmeta';
RENAME table 'alt_comments' TO 'neu_comments';
RENAME table 'alt_links' TO 'neu_links';
RENAME table 'alt_options' TO 'neu_options';
RENAME table 'alt_postmeta' TO 'neu_postmeta';
RENAME table 'alt_posts' TO 'neu_posts';
RENAME table 'alt_terms' TO 'neu_terms';
RENAME table 'alt_term_relationships' TO 'neu_term_relationships';
RENAME table 'alt_term_taxonomy' TO 'neu_term_taxonomy';
RENAME table 'alt_usermeta' TO 'neu_usermeta';
RENAME table 'alt_users' TO 'neu_users';
```

Wenn Sie die Funktion Wordpress Multisite aktiviert haben, müssen Sie folgende fünf Anweisungen ergänzt werden.

Auch hier gilt fett **alt_** und **neu_** sind Platzhalter wie oben beschrieben und müssen von Ihnen ersetzt werden.

```
RENAME table 'alt_blogs' TO 'neu_blogs';
RENAME table 'alt_blog-versions' TO 'neu_blog_versions';
RENAME table 'alt_registration_log' TO 'neu_registration_log';
RENAME table 'alt_site' TO 'neu_site';
RENAME table 'alt_sitemeta' TO 'neu_sitemeta';
```

Sollten die Anweisungen nicht funktionieren versuchen Sie die Schreibweise ohne die ' Zeichen, spätestens dann solle es funktionieren oder Sie haben einen Tippfehler drin.

Hat alles funktioniert müssen Sie auch hier nur noch kontrollieren ob in der options und usermeta-Tabelle eine Änderung vorgenommen werden muss. Hier wird wie oben beschrieben vorgegangen.

Tabellenpräfix ändern Weg 3

Sind Ihnen beide Wege zu umständlich oder Sie trauen sich nicht an die Datenbank ran, können Sie im Zweifel auch versuchen das alte Tabellenpräfix über ein Plug-In zu ändern. Das bekannteste dafür wäre das Word Press Plug-In Acunetix WP Security. Jedoch wird auf der Wordpress Seite angezeigt, dass dieses Plug-In nicht mit den letzten drei Hauptversionen von Wordpress getestet wurde und es daher zu Komplikationen kommen könnte.

This plugin **hasn't been tested with the latest 3 major releases of WordPress**. It may no longer be maintained or supported and may have compatibility issues when used with more recent versions of WordPress.

Ich persönlich kann diese Lösung nicht empfohlen und verweise auf eine der ersten beiden hier beschrieben Wege. Dank der Bebilderung und genauen Beschreibung sollten keine Problem bei der Umsetzung auftreten.

FTP vs. FTPS vs. SFTP

Das FTP – File Transfer Protocol, welches ursprünglich 1971 das Licht der Welt erblickte, ist ein spezifiziertes Netzwerkprotokoll im RFC 959 von 1985. Es diente der Datenübertragung in IP Netzwerken, als es noch kein Internet gab. Zum Vergleich, die erste weltweite Webseite wurde am 06. August 1991 veröffentlicht. Daher wurde hier auch keinerlei Wert auf Sicherheit gelegt und somit hat FTP im Internet nicht zu suchen. Es wird alles unverschlüsselt übertragen und ist somit per Man-in-the-middle-Angriff im Klartext auszulesen oder es man gleich den gesamten darüber laufende Traffic aufzeichnen.

Um dieses Defizit auszuarbeiten wurde in den Folgejahren ein Sicherheitsstandard nach RFC 2228 erstellt, um den Datenkanal durch das nutzen von SSL (Secure Socket Layer) oder TLS (Transport Layer Security) zu verschlüsseln. Das ganze nannte sich dann **FTP über TLS (FTPS)**. Man unterscheidet zwischen der FTPS Explizit Methode und der FTP Impliziert Methode.

Das SFTP – SSH File Transfer Protocol ist eine entwickelte Alternative zum FTP, welche über SSH (Secure Shell) eine Verschlüsslung ermöglicht. Viele Programme zum Dateitransfer setzen auf SFTP, unterstützen es und greifen zu diesem Zweck auf PuTTY oder OpenSSH zurück. Es sollte bei FTP Clients also immer auf das SFTP gesetzt werden.

SSL Zertifikat

Wenn von einem SSL Zertifikat die Rede ist, wird von der verschlüsselten Kommunikation, von Daten welche von einem Computer auf den anderen Computer (Server) transportiert werden, gesprochen. SSL steht für Secure-Sockets-Layer. Im Grunde ist nichts anderes gemeint als eine Webseite per **https://** statt über **http://** Protokoll zu erreichen. Eine verschlüsselte und sichere Verbindung erkennt man an dem **s** hinter dem **http** und durch ein geschlossenes Schloss-Symbol in der URL Leiste, vor der eigentlichen Domainadresse. Klickt man darauf öffnet sich je nach Browser ein neues Fenster mit den Seiten und Zertifikatsdetails.

Ohne ein SSL Zertifikat ist Ihre Webseite oder Blog unverschlüsselt bzw. die Datenübertragung, welche dann abgefangen werden kann und somit unsicher ist. Seit 2018 drängt Google auf SSL, sonst droht das Index-Aus und der SEO Tot, bei dem Marktführer der Suchmaschinen. Fakt ist, ein SSL Zertifikat ist daher schon aus Gründen der Suchmaschinenoptimierung Pflicht und dank der DSGVO, ein Muss bei der Datenübertragung, da sonst Abmahnungen drohen könnten.

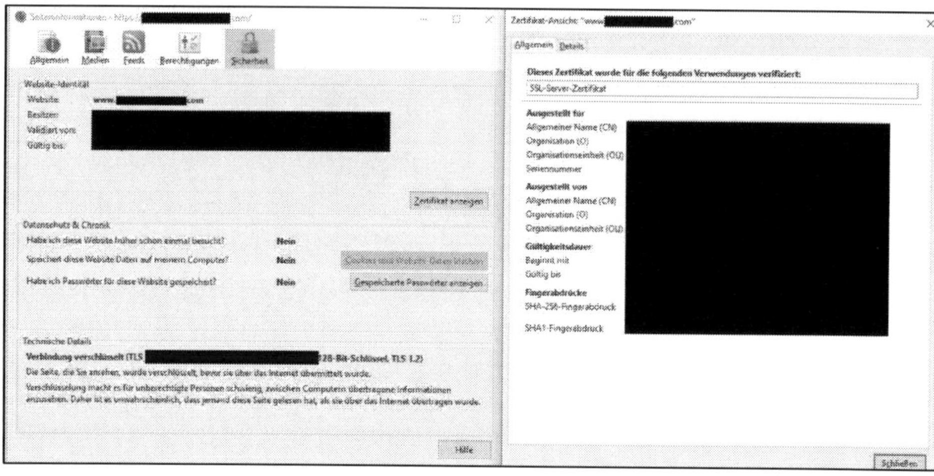

Quelle: Mozilla Firefox

Ein solches SSL/TLS Zertifikat einer Webseite bildet eine Datei mit Details, digital an einen kryptografischen Schlüssel, an je eine Organisation. So bindet ein SSL Zertifikat den Servername, Hostname und den Domainnamen, sowie die Identität mit Standort etc. einer Organisation und muss je auf deren Webserver installiert sein. Dies dient später bei der Datenübertragung, zwischen Web-Browser und Web-Server, sowie der Authentifizierung der Kommunikationspartner über ein asymmetrisches Verschlüsselungsverfahren. Darauf folgt eine End-to-End Verschlüsslung durch ein symmetrisches Verschlüsselungsverfahren und einen gemeinsamen Sitzungsschlüssel. Dies wiederum stellt bei der Datenübertragung die Integrität der Daten sicher.

Kurz gesagt ein SSL Zertifikat verschlüsselt Ihre Webseite (Datenübertragung), suggeriert und generiert Sicherheit bei Ihren Lesern, bringt Vorteile in der Suchmaschinenoptimierung (SEO) und schützt vor Abmahnung, wegen möglicher DSGVO Verstöße.

SSL Zertifikat einrichten

Die Umsetzung ist bei Wordpress sehr einfach. Zunächst einmal muss Ihr Hosting Anbieter ein SSL Zertifikat zur Verfügung stellen (optional) und dies unterstützen. Meistens ist immer ein kostenlosen SSL Zertifikat inkludiert, wenn nicht müssen Sie bei Ihrem Anbieter eins kaufen. Diese Preise variieren hier von 1 – 5 € monatlich pro Zertifikat und Domain. Danach muss dieses Ihrer Domain zugewiesen werden. Dies entnehmen Sie dann bitte aus der Dokumentation Ihres Hostings Anbieters.

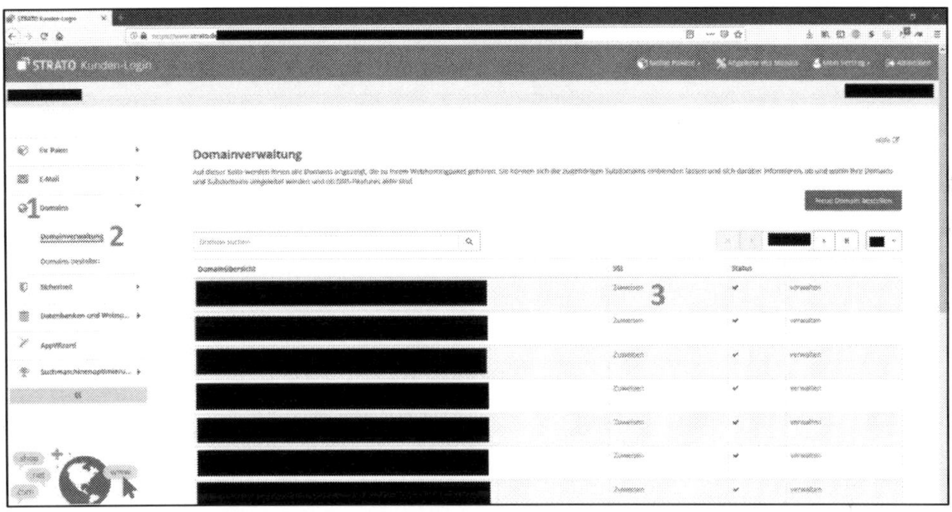

Quelle: Strato

In dem Konfigurationsbeispiel unter Strato loggen Sie sich dazu in Ihren Account ein und wählen Ihr Paket aus. Nun navigieren Sie links zu **Domains (1)** und dem Unterpunkt **Domainverwaltung (2)**. Hier werden nun all Ihre Domains aufgelistet. Rechts neben den Domains finden Sie die Spalte SSL, dort können Sie bei der entsprechenden Domain ein Zertifikat über **zuweisen (3)** zuweisen.

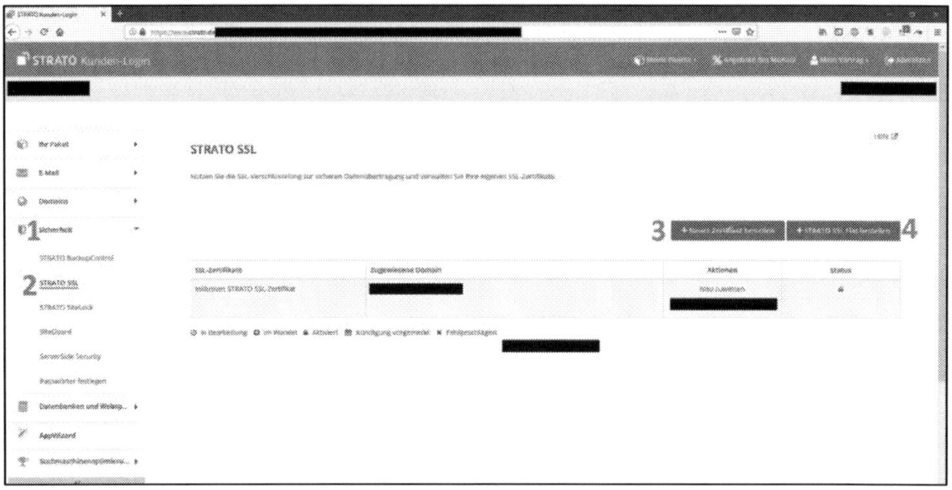

Quelle: Strato

Alternativ navigieren Sie links zu **Sicherheit (1)** und dem Unterpunkt **STRATO SSL (2)** und gehen auf **+ Neues Zertifikat bestellen (3)**. Haben Sie unter Strato mehrere Webseiten laufen oder planen dies, dann sollten Sie die Starto SSL Flat unter + **STRATO SSL Flat bestellen (4).** Hier bekommen Sie für 5 € monatlich unbegrenzt viele SSL Zertifikate für Ihre Domains.

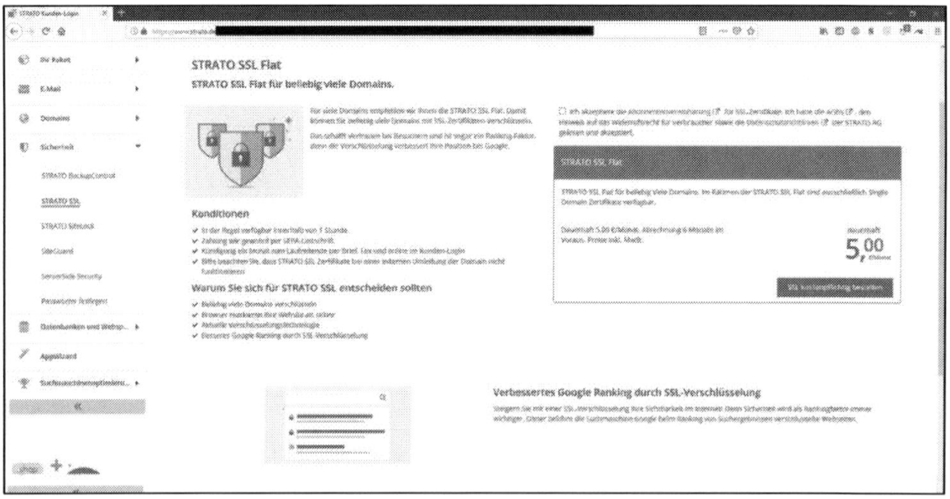

Quelle: Strato

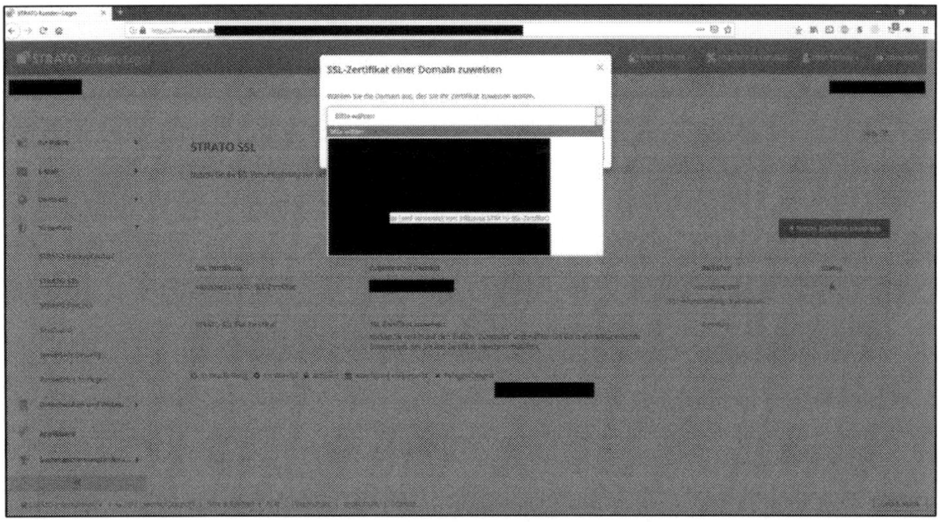

Quelle: Strato

Haben Sie diese Flat gebucht bekommt man beim Zuweisen eines SSL Zertifikat eine Liste mit sämtlichen eigenen Domainadressen und kann diese dort dann aussuchen und zuweisen. Nach dem

SSL und HTTPS in Wordpress einstellen

Wurde ein SSL Zertifikat gekauft und der Domain zugewiesen, müssen unter Wordpress im Backend noch ein paar Einstellungen geändert werden.

1. Sie müssen unter den allgemeine Einstellungen das http Protokoll auf das https Protokoll umstellen. Dazu wird einfach die URL Adresse im Wordpress Backend von http auf https geändert. Danach wird man automatisch ausgeloggt da die Sitzung abgelaufen ist, wenn nicht loggen Sie sich aus und wieder ein. Nach dem erneuten Einloggen gehen Sie zu Schritt 2.

2. Das https Protokoll muss im Wordpress Backend auch bei der Permalinkstruktur unter Einstellungen > Permalinks anpasst werden. Dazu muss das https den Link anführen.

3. Nun müssen Sie alle (von Ihnen) gesetzten Links auf Ihrer Homepage oder Blog zu Ihrer Homepage oder Blog überprüfen und aus dem http im Link ein https machen. Das gilt bei Links, Videos, Bildern, Bannern, Widgets, Plugins etc. Es darf nichts mehr auf http verweisen. Damit verhindert man gemischten Content (Mixed Content)

4. Auch die Einträge in der Datenbank müssen auf https umgestellt werden. Dafür muss überall aus dem http ein https gemacht werden. Damit dies nicht allzu viel Zeit und Nerven kostet, können Sie dies mit dem **Plugin Better Search Replace** umsetzen. Nach dem downloaden und aktivieren im Wordpress Backend, öffnen Sie das Plugin und lassen per Suchfeld automatisch nach allen http suchen und diese durch https ersetzen. Bevor Sie dies ausführen, machen Sie ein Datenbank Backup und testen Sie die Ausführung erst unter dem Punkt testen im Plugin **Plugin Better Search Replace**, werden nach dem Test keine Fehler angezeigt können Sie die Suche und das ersetzen durch ok in Auftrag geben.

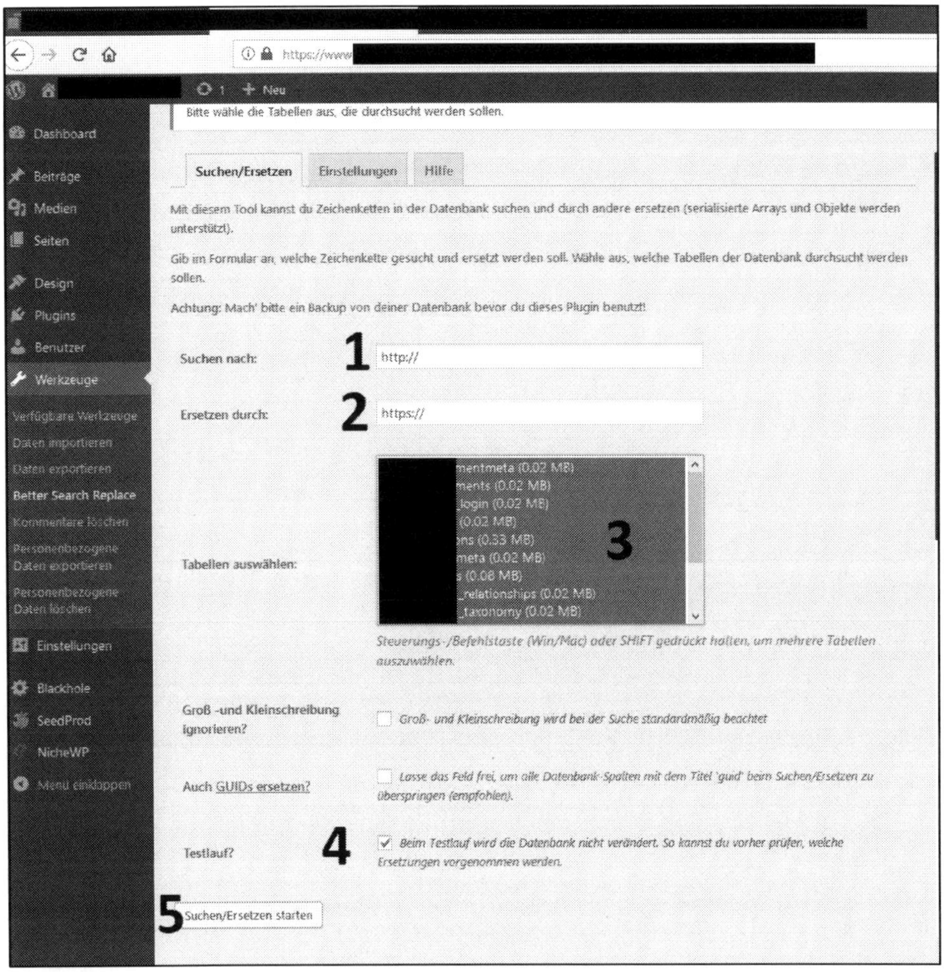

Dazu das laden Sie **Plugin Better Search Replace**, im Wordpress Backend runter und installieren, sowie aktivieren es. Unter Werkzeuge und Better Search Replace im Wordpress Backend finden Sie die Einstellungen. Jetzt geben Sie unter **Suchen nach (1)** http:// ein und unter **Ersetzen durch (2)** https:// und klicken bei Tabellen auswählen (3) alle Tabellen aus. Unter **Testlauf? (4)** setzten Sie einen Harken und starten mit **Suchen/Ersetzen starten (5)**. Nun zeigt das Addon Ihnen an ob Tabelleneinträge gefunden und ersetzt werden müssen. Ist dies der Fall wiederholen Sie diese Prozedur ohne **Testlauf? (4)** und entfernen dort den Harken, sowie führen mit **Suchen/Ersetzen starten (5)**

5. Nun müssen auch Redirects einrichtet werden was nichts anderes als eine Umleitung von http auf https ist. Dazu folgenden Code in die .htaccess unter # END WordPress eintragen.

```
# http auf https umleiten
RewriteEngine On
RewriteCond %{HTTPS} !=on
RewriteRule ^ https://%{HTTP_HOST}%{REQUEST_URI} [L,R=301]
```

Die Datei .htaccess finden Sie in Ihrem Root Verzeichnis der Wordpress Installation, bei Ihrem Hosting Anbieter, auf das Sie per (S)FTP über einen FTP Client wie. z.B. FileZilla zugreifen können. Darüber im Kapitel Wordpress Schnellstart und unter .htaccess anlegen mehr.

Nach dem umstellen müssen auch sämtliche implementierte Dienste von Drittanbieter wie z.B. Google Anaytics ebenfalls angepasst werden. Auch die Sitemap muss durch eine neue mit https Links erneuert werden.

Alternativ können Sie sich das **Plugin Really simple SSL** ansehen, sollten aber am besten den hier beschrieben Weg umsetzten.

Schreibrechte unter Linux bzw. UNIX

Auf UNIX Dateisystemen besitzt jede grundlegende Datenstruktur zur Verwaltung von Dateisystemen mit Unix-ähnlichen Betriebssystemen (Inode), was jeder einzelnen Datei entspricht, eine gesonderte Reglung der Zugriffsrechte auf. Diese werden in drei Benutzergruppen aufgeteilt, in denen jeweils die gesonderten Rechte verteilt werden.

- **Eigentümer** **(User)**
- **Gruppe** **(Group)**
- **Sonstige oder Andere** **(Others)**

Die Grundlegenden Rechte (spezielle Rechte werden außen vor gelassen) sind:

- **Lesen** **(read)** **r**
- **Schreiben** **(write)** **w**
- **Ausführen** **(execute)** **x**

Als Beispiel folgt nun eine Auflistung mit symbolischen Werten. Ein Eigentümer hat vollen Zugriff also bekommt er überall sämtliche Rechte r-w-x eingetragen. Die Gruppe hat nur Lese und Aufführungsrechte, welche dann auch nur als r---x eingetragen werden. Sonstige haben ebenfalls nur Leserechte und Aufführungsrechte, welche ebenfalls als r---x eingetragen werden.

	Eigentümer			**Gruppe**			**Sonstige**		
Leserecht	r	-	-	r	-	-	r	-	-
Schreibrecht	-	w	-	-	-	-	-	-	-
Ausführungsrecht	-	-	x	-	-	x	-	-	x

Als Beispiel folgt nun eine weitere Auflistung mit chmod (octal) Werten. Ein Eigentümer hat vollen also bekommt er überall sämtliche Rechte 7 eingetragen. Die Gruppe hat nur Lese und Aufführungsrechte, welche dann auch nur als 5 eingetragen werden. Sonstige haben ebenfalls nur Leserechte und Aufführungsrechte, welche ebenfalls als 5 eingetragen werden.

	Eigentümer	**Gruppe**	**Sonstige**
Leserecht			
Schreibrecht	7	5	5
Ausführungsrecht			

Diese setzen sich wie folgt zusammen:

Berechtigungen	**4: Lesen**	**2: Ändern**	**1: Ausführen**	**Summe**
Besitzer	✔ Lesen	✔ Ändern	✔ Ausführen	7
Gruppe	✔ Lesen	Ändern	✔ Ausführen	5
Andere	✔ Lesen	Ändern	✔ Ausführen	5
				755

Addiert man die Rechte in der ersten Benutzergruppe des Eigentümers so kommt man auf 4+2+1 = 7.
Die Benutzergruppe Eigentümer hat also die Berechtigung Summe 7.

Addiert man die Rechte in der zweiten Benutzergruppe der Gruppe so kommt man auf 4+0+1 = 5.
Die Benutzergruppe Gruppe hat also die Berechtigung Summe 5.

Addiert man die Rechte in der zweiten Benutzergruppe der Gruppe so kommt man auf 4+0+1 = 5.
Die Benutzergruppe Andere hat also die Berechtigung Summe 5.

Weitere Schreibweisen und Darstellungsarten wären, wobei für Sie primär nur die chmod (octal) und symbolische Schreibweise wichtig sein sollte, folgende:

	chmod (octal)	umask (octal)	Symbolisch	Binäre Entsprechung
Lesen, schreiben und ausführen	7	0	rwx	111
Lesen und Schreiben	6	1	rw-	110
Lesen und Ausführen	5	2	r-x	101
Nur lesen	4	3	r--	100
Schreiben und Ausführen	3	4	-wx	011
Nur Schreiben	2	5	-w-	010
Nur Ausführen	1	6	--x	001
Keine Rechte	0	7	---	000

Bei Wordpress sollten im Webspace für folgende Rechte für

Ordner (Verzeichnisse)	der **Wert 755**
Dateien	der **Wert 644**
wp-config	der **Wert 640 bzw. 600** Um ganz auf Nummer sicher zu gehen den **Wert 440**, oder die **400**.

zugeteilt werden. Bei den Rechten der wp-config muss man testen, mit welchen Einstellungen die Seite ohne Probleme stabil läuft ohne diese zu zerschießen. Dies Rechte konfigurieren Sie, indem sich sich per FTP Client und (S)FTP Zugang auf Ihren Webspace einloggen. Mehr unter dem Punkt FTP Client.

Als Tipp, niemals und kein Ordner (Verzeichnis) darf die 777 Berechtigung haben.

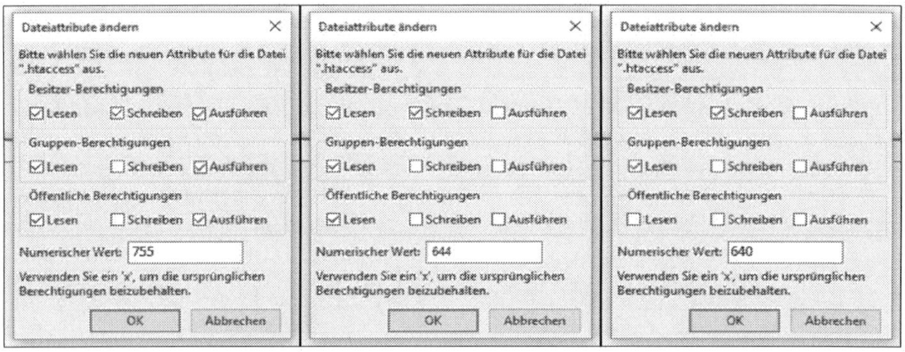

Quelle: Filezilla

Server-Konfigurationsdatei .htaccess erstellen / konfigurieren

Die .htaccess ist eine Konfigurationsdatei mit der sich auf (Apache) Webserver sehr viele Einstellungen konfigurieren lassen. Von Weiterleitungen, Zugriffsschutz über Fehlermeldungen bis hin zu Sperrungen lässt sich fast alles in und über die .htaccess einstellen. Um eine solche Datei zu erstellen, müssen Sie auf Ihrem lokalen Computer eine leere, einfache Textdatei Namens neu.htaccess anlegen und folgenden Code in diese Tippen und speichern. Alternativ dazu können Sie Notepad++ nutzen.

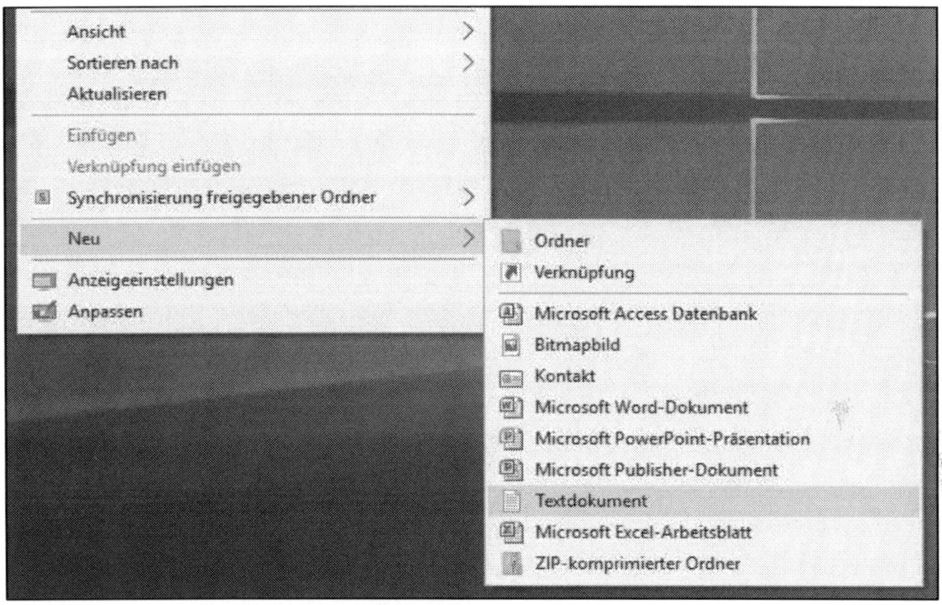

Quelle: Windows 7

(Das neu vor dem .htaccess (**neu**.htaccess) steht hier als Platzhalter, da Windowssysteme es nicht zulassen einen Textdatei .htaccess ohne Namen anzulegen. Das **neu** wird später auf dem Server, per FTP Client entfernt und macht so aus der Textdatei eine echte .htaccess)

Textdokument Namens neu.htaccess anlegen und folgendes eintragen:

```
# BEGIN WordPress
<IfModule mod_rewrite.c>
RewriteEngine On
RewriteBase /
RewriteRule ^index\.php$ - [L]
RewriteCond %{REQUEST_FILENAME} !-f
RewriteCond %{REQUEST_FILENAME} !-d
RewriteRule . /index.php [L]
</IfModule>
# END WordPress
```

Ist die Datei angelegt laden Sie diese in das Root Verzeichnis Ihrer Wordpress Installation, bei Ihrem Hosting Anbieter hoch, auf das Sie per (S)FTP über einen FTP Client wie. z.B. FileZilla zugreifen können.

Fertig hochgeladen klicken Sie die Datei neu.htaccess mit einem Rechtsklick an, klicken auf Umbenennen und entfernen nun das neu vor dem Punkt, sodass dort nur noch .htaccess steht. Danach klicken Sie die .htaccess mit einem erneuten Rechtsklick an und klicken auf Dateiberechtigungen…

Dort tragen Sie den Numerischen Wert 640 ein oder setzten die Harken wie auf Abbildung Dateiattribute ändern. Die Berechtigung wird nun als rw-r--r--angezeigt. Damit wurde Ihre .htaccess erstellt.

Nun können Sie die Datei im Server öffnen und nach Belieben konfigurieren. Dazu müssen Sie sich nur per FTP Client auf Ihrem Root Verzeichnis anmelden, die .htaccess mit einem Rechtsklick anklicken und dann auf ändern klicken.

Es öffnet sich dann ein Textfenster in dem die Änderungen eingetragen werden könne, abschließend speichert man das Fenster und schließt es. Alternativ laden Sie die Datei lokal auf Ihren PC und ändern Sie dort in Notepad++ oder öffnen diese mit einem einfachen Texteditor und laden die geänderte und abgespeicherte Datei .htaccess später wieder auf den Server, sowie ersetzen die bestehende auf dem Server mit überschreiben bzw. durch Datei ersetzen. Über die UNIX Rechtevergabe erfahren Sie unter dem Punkt Schreibrechte unter Linux bzw. UNIX mehr.

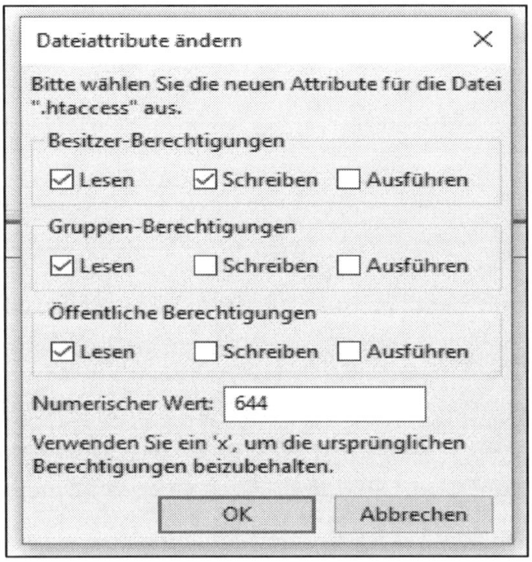

Quelle: FileZilla Abbildung Dateiattribute ändern

<u>Wichtig:</u> Wenn Sie im Verlauf des Buches Code oder Anweisungen in Ihre .htaccess kopieren oder ergänzen, kann der kleinste Tippfehler, Fehler versuchen, sogar schwerwiegende, dass Ihre Webseite nicht mehr erreichbar ist. Daher sicheren Sie immer die funktionierende Datei .htaccess und ergänzen immer nur um einen Code Schnipsel und testen danach Ihre Seite auf Funktion. Tippen Sie alle Codes, dieses Buches ab und testen erst am Ende, kann es passieren dass Ihre Seite nicht mehr erreichbar ist und Sie dann jeden Code einzeln wieder löschen müssen, bis der Fehler gefunden ist. Daher arbeiten Sie immer Schritt für Schritt und achten auf die richtige Platzierung und Tippfehler. Die Codes hier sind allesamt getestet und funktionieren, es kann aber sein, dass Ihr Hosting-Anbieter Probleme mit einigen Anweisungen oder Rechten haben könnte, daher heißt es einfach testen und im Zweifel beim Anbieter in den FAQ lesen warum es nicht geht. Dies gilt auch bei der wp-config und functions.php Datei etc.
Step by Step - Try & Error.

Schreibschutz und Zugriffschutz der .htaccess

Die .htaccess Datei ist eine Konfigurationsdatei auf Ihrem Webspace, welche verschiedene „Dinge“ konfiguriert und bestimmt was erlaubt ist und was nicht. Sie ist von elementarer Wichtigkeit für die Sicherheit der eigenen Webseite und Blog. Um die .htaccess vor Zugriffen und somit Änderungen zu schützen, ergänzen Sie den folgenden Code in Ihre .htaccess.

In .htaccess eintragen

```
# Schreibschutz und Zugriffschutz .htaccess
<files ~ "^.*\.([Hh][Tt][Aa])">
order allow,deny
deny from all
satisfy all
</files>
```

Die Datei .htaccess finden Sie in Ihrem Root Verzeichnis der Wordpress Installation, bei Ihrem Hosting Anbieter, auf das Sie per (S)FTP über einen FTP Client wie. z.B. FileZilla zugreifen können. Darüber im Kapitel Wordpress Schnellstart und unter .htaccess anlegen mehr.

Es kann sein, dass die .htaccess bei Updates trotzdem überschrieben wird. Daher sollten Sie vor jedem Wordpress Update ein Backup der Datei machen.

Verzeichnisschutz per .htpasswd

Ein Verzeichnisschutz per .htpasswd und .htaccess ist nichts anderes als eine zusätzliche Eingabemaske mit Passwortabfrage, bevor Sie sich auf Ihre Login Seite zum Wordpress Backend im Original www.ihre-seite.de/wp-login.php aufschalten dürfen. Hier muss dann zusätzlich ein Benutzername und Passwort eingegeben werden, ohne es nicht weiter zur eigentlichen Login Maske geht. Alleine mit dieser Maßnahme ist schon die Großzahl von Brute-Force-Angriffe zu unterbinden. Ist die Login Seite des Wordpress Backend www.ihre-seite.de/wp-login.php wie unter dem Punkt **Login verstecken** erklärt, verschleiert, so können Sie damit die Standard Brute-Force-Angriffe nahezu komplett unterbinden, was auch Ihrer Serverlast zu Gute kommt.

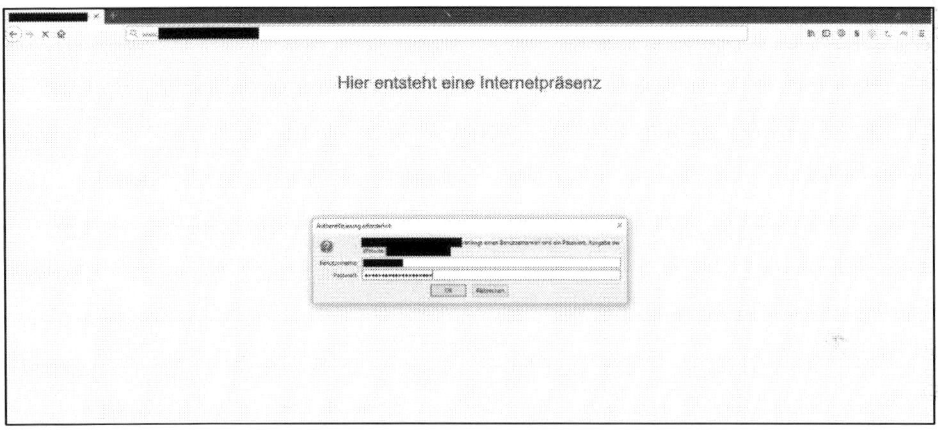

Um einen solchen Verzeichnisschutz einzurichten müssen Sie zunächst eine leere .htpasswd Datei erstellen. Um eine solche Datei zu erstellen, müssen Sie auf Ihrem lokalen Computer eine leere, einfache Textdatei Namens neu.htpasswd anlegen. Alternativ dazu können Sie Notepad++ nutzen.

(Das neu vor dem .htpasswd (**neu**.htpasswd) steht hier als Platzhalter, da Windowssysteme es nicht zulassen einen Textdatei .htpasswd ohne Namen anzulegen. Das **neu** wird später auf dem Server, per FTP Client entfernt und macht so aus der Textdatei eine echte .htpasswd)

Danach rufen Sie im Internet über einen Webbrowser die Seite http://www.htaccesstools.com/htpasswd-generator/ auf.

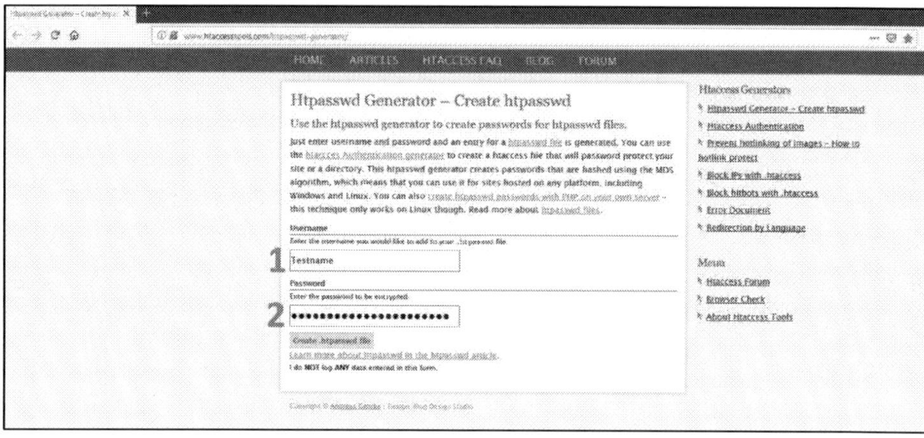

Quelle: http://www.htaccesstools.com/htpasswd-generator/

Dort geben Sie bei **(1)** einen Nutzernamen ein, am besten etwas Abstraktes und unter **(2)** ein Passwort. Notieren Sie sich beides gut. Anschießend klicken Sie auf Create.htpassed file.

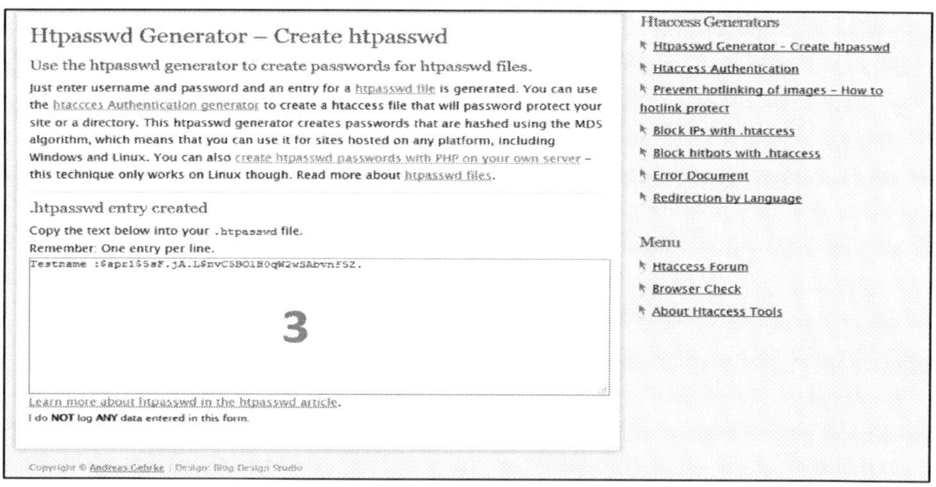

Quelle: http://www.htaccesstools.com/htpasswd-generator/

Es erscheint ein neues Fenster und dort kopieren Sie den Fensterinhalt mit dem Code Schnipsel unter **(3)** raus. Diesen kopieren Sie in Ihre neu.htpasswd und speichern die Datei ab und laden Sie abschließend auf

Ihren Server, per FTP Client, in die oberste Verzeichnisebene des Root Verzeichnis Ihrer Wordpress Installation, der entsprechenden Webseite. Nun müssen Sie noch die .htaccess Datei auf Ihrem Server bearbeiten und dort folgenden Code ergänzen.

In .htaccess eintragen

```
# Passwortmaske wp-login.php
<Files wp-login.php>
AuthName "Login-Bereich"
AuthType Basic
AuthUserFile /xxx/Pfad/xx/zur/xxxxxxxx/Passwortdatei/.htpasswd
require valid-user
</Files>
```

Die Datei .htaccess finden Sie in Ihrem Root Verzeichnis der Wordpress Installation, bei Ihrem Hosting Anbieter, auf das Sie per (S)FTP über einen FTP Client wie. z.B. FileZilla zugreifen können. Darüber im Kapitel Wordpress Schnellstart und unter .htaccess anlegen mehr.

Haben Sie Ihren Login Bereich `wp-login.php` versteckt und über ein Plugin, wie hier im Buch erklärt, durch einen anderen Namen verschleiert, dass Sie Ihre `wp-login.php` über ein abstraktes Wort wie bzw. ein Pseudonym wie z.B. `serf757se` erreichen, müssen Sie in der -.htaccess `<Files wp-login.php>` durch `<Files serf757se>` im Code ersetzen. `serf757se` steht hier als Platzhalter und muss durch Ihr Pseudonym bzw. abstraktes Wort für den verschleierten `wp-login.php` ersetzt werden.

Mit verstecktem Login Bereich würde es so aussehen, Zeile 2 ändert sich:

```
# Passwortmaske wp-login.php
<Files serf757se>
AuthName "Login-Bereich"
AuthType Basic
AuthUserFile /xxx/Pfad/xx/zur/xxxxxxxx/Passwortdatei/.htpasswd
require valid-user
</Files>
```

Das **/xxx/Pfad/xx/zur/xxxxxxxx/Passwortdatei/.htpasswd** hinter AuthUserFile steht als Platzhalter und muss durch den Pfad, zu Ihrer .htpasswd Datei angepasst werden.

Wenn Sie den Pfad nicht kennen, können Sie diesen durch einen einfachen PHP Script auslesen lassen, was wie folgt geht. Geben Sie folgenden Code in eine leere einfache Textdatei ein und speichern diese als fullpath.php

```
<?php
$dir = dirname(__FILE__);
echo "<p>Full path to this dir: " . $dir . "</p>";
echo "<p>Full path to a .htpasswd file in this dir: " . $dir .
"/.htpasswd" . "</p>";
?>
```

Quelle: http://www.htaccesstools.com/articles/full-path-to-file-using-php/

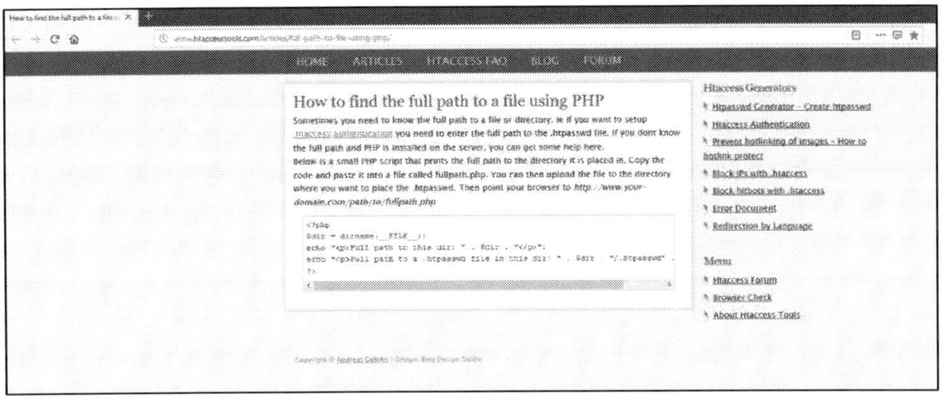

Quelle: http://www.htaccesstools.com/articles/full-path-to-file-using-php/

Diesen PHP Script laden Sie auf Ihren Server (Webspace), per FTP Client, in die oberste Verzeichnisebene des Root Verzeichnis Ihrer Wordpress Installation, der entsprechenden Webseite, wo auch die .htpasswd Datei liegt.

Nun rufen Sie über einen Internetbrowser Ihre Domain mit dem folgenden Anhang https://www.Ihre-Webseite.de/**path/to/fullpath.php** auf. Jetzt öffnet sich ein Fenster, in dem der Pfad ausgelesen wurde. Diesen Pfand kopieren Sie und tragen ihn in der .htaccess hinter AuthUserFile, wie beschrieben ein. Ist alles eingetragen können Sie die .htaccess speichern und rufen Ihre Wordpress Login Seite auf.

Erscheint nun Ihre zusätzliche Eingabemaske, welche durch Eingabe des Benutzernamens und Passworts, dass Sie im htpasswd-generator generiert haben, den Login Bereich Ihres Wordpress Backend freigibt, funktioniert alles und Sie können die fullpath.php Datei wieder von Ihrem Serverlöschen. **Dies dürfen Sie nicht vergessen!**

Login verstecken

Normalerweise ist Ihre Login-Seite in das Wordpress Backend Ihrer Webseite oder Blog unter https://www.ihre-seite.de/wp-admin.php zu erreichen.

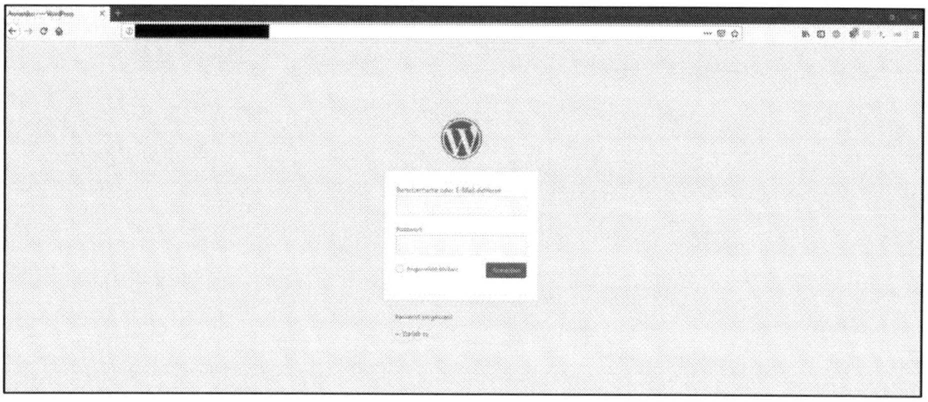

Quelle: Wordpress

Dies wissen natürlich auch die Hacker und jeder der schon mal was von Wordpress gehört hat. Daher gilt es die Login-Seite zu verstecken, dass diese nicht mehr unter https://www.ihre-seite.de/wp-admin.php erreichbar ist, was wiederum ein wenig mehr Sicherheit bringt.

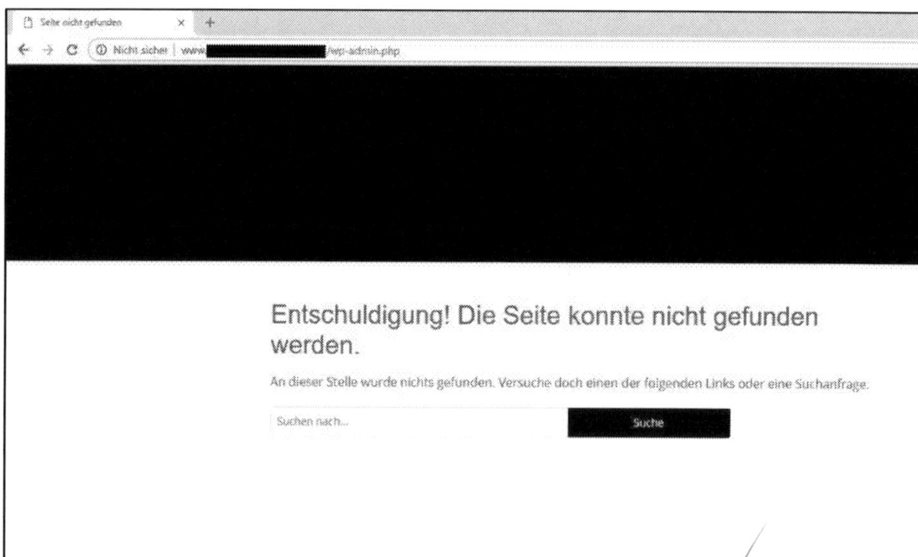

Wurde diese Seite entsprechend versteckt, bekommt man bei der Eingabe der bekannten Standard-URL, https://www.ihre-seite.de/wp-admin.php nur noch eine Fehlermeldung: „Entschuldigung! Die Seite konnte nicht gefunden werden.“ angezeigt.

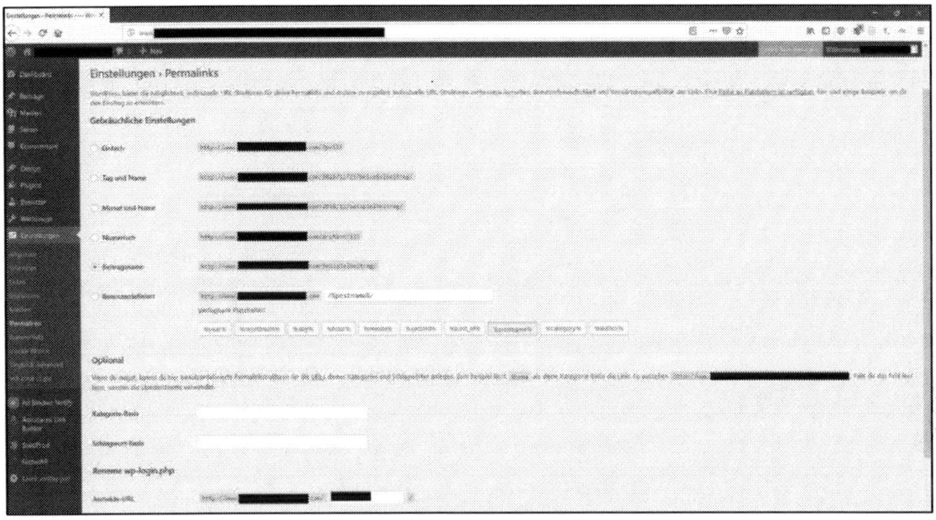

Quelle: Wordpress Backend

Diese Funktion setzen Sie mit dem **Plugin WPS Hide Login oder Rename wp-login.php** um. Dieses Plugin wird ganz normal über das Wordpress Backend bezogen und unter Plugins aktiviert. Nach dem aktiveren muss unter Einstellungen und dem Unterpunkt Permalinks, unter dem neu erschienen Punkt **Rename wp-login.php,** unter Anmelde-URL einen beliebigen, unstrukturierten Namen, ein Pseudonym oder besser noch eine sinnlose Ziffern und -Buchstabenfolge wie z.B. **njikw475wd4** erfolgen.

In diesem Beispiel ist **njikw475wd4** ist ein Platzhalter und muss durch Sie entsprechend, wie beschrieben durch einen eigenen Namen ersetzt werden. Bei **Rename wp-login.php** funktionieren nur kleine Buchstaben und Zahlen.

Hier einen beliebigen, unstrukturierten Namen eintragen, der als neue Login Seite dienen wird.

Quelle: Wordpress Backend

Nun wird das **/wp-admin.php** in Ihrer URL https://www.ihre-seite.de**/wp-admin.php**

durch **/njikw475wd4** ersetzt.

Ihre neue URL zur Login-Seite lautet ab dann ab sofort https://www.ihre-seite.de**/njikw475wd4**

Unter dem **Plugin WPS Hide Login** finden Sie dieselbe Einstellungen, im Wordpress Backend, unter Einstellungen und dem Unterpunkt Allgemein, ganz unten. Bei **WPS Hide Login** funktionieren nur kleine Buchstaben. Bei **Rename wp-login.php** dagegen auch Zahlen.

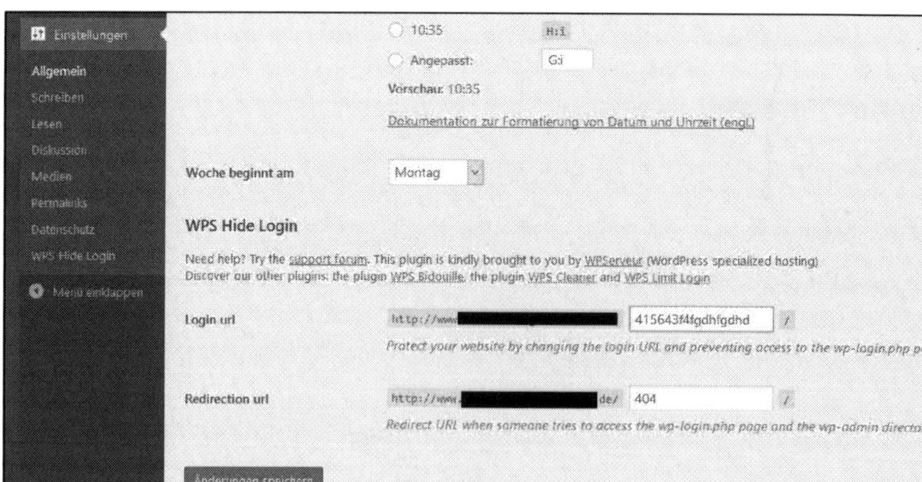

Login Versuche begrenzen inkl. Captcha

Mit dem **Plugin WP Limit Login Attempts** können Sie die Login Versuche begrenzen. In der kostenlosen Version können Sie nach dem aktivieren, unter Plugins im Wordpress Backend, keine Einstellungen vornehmen. Die Login Versuche werden automatisch auf 5 begrenzt, ebenso die Sperrzeit von 10 Minuten bei 5 falschen Fehlersuchen und die Auswahl von 3 Bildern bei dem Captcha. Wollen Sie diese Einstellungen individuell bestimmten, müssen Sie die kostenpflichtige Pro Variante des Plugins beziehen.

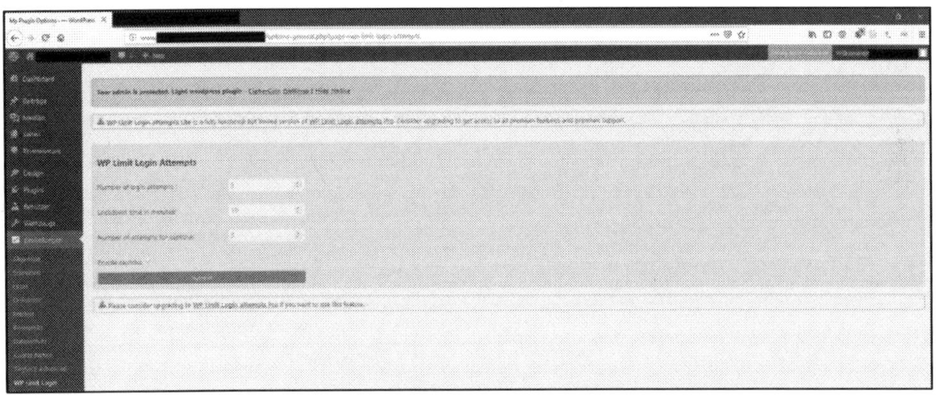

Quelle: Wordpress Backend

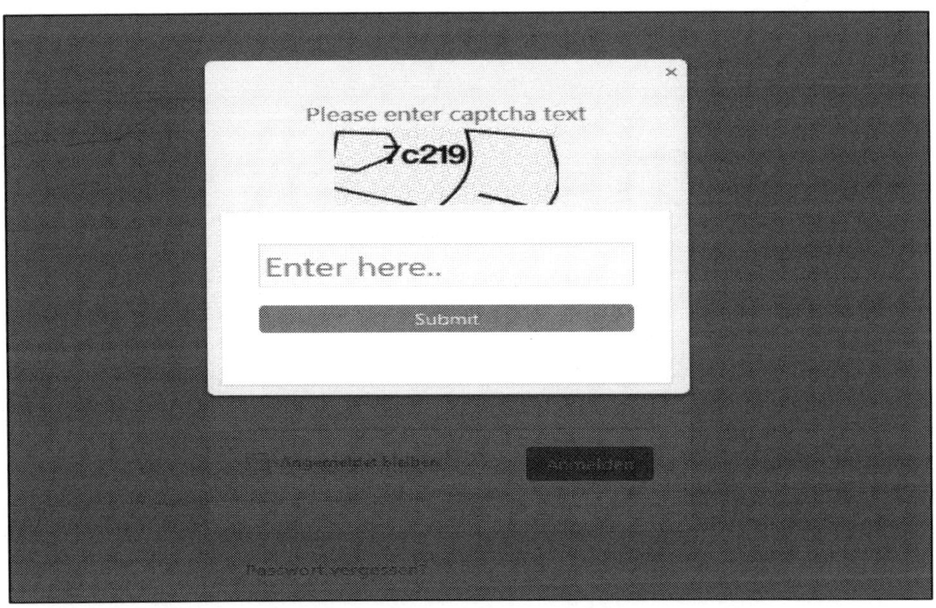

Quelle: Captcha über das Plugin WP Limit Login Attempts

Fehlermeldungen und Hilfen beim Login deaktivieren

Nichts ist einfacher für Hacker wenn diesen angezeigt wird, dass das Passwort oder der Username falsch sind. Daher sollten Sie dieses Hilfe und Fehlermeldung (1 Abb. Fehlermeldung WP Login) abschalten. Hierfür wird der folgende Code in die In functions.php eingetragen.

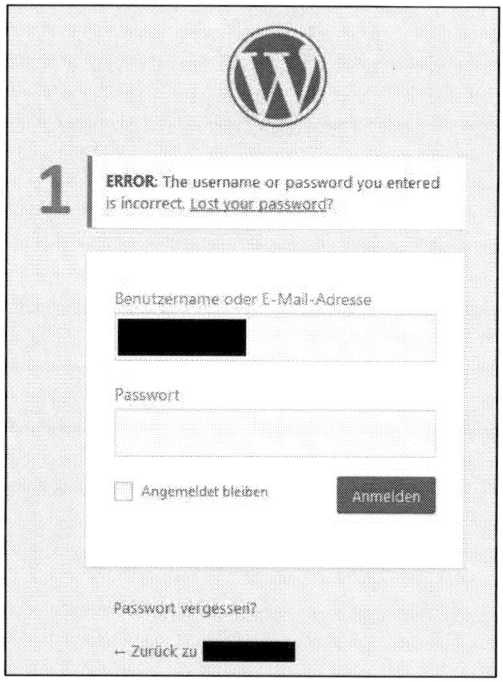

Abb. Fehlermeldung WP Login

In functions.php eintragen.

```
/*Fehlermeldungen Login deaktivieren*/
add_filter('login_errors',create_function('$a', "return
null;"));
```

Die Datei functions.php finden Sie über Ihr Root Verzeichnis in Unterordner, der Wordpress Installation, bei Ihrem Hosting Anbieter, auf das Sie per (S)FTP über einen FTP Client wie. z.B. FileZilla zugreifen können.

E-Mail Login deaktivieren

Deaktivieren Sie den Login über E-Mail Adressen. Es ist ein leichtes diese herauszufinden oder sich darüber Zugang zu verschaffen. Um diese Funktion abzuschalten muss in der Datei functions.php folgender Code eingetragen werden.

In functions.php eintragen.

```
/*Email  Login deaktivieren*/
remove_filter( 'authenticate',
'wp_authenticate_email_password', 20 );
```

Die Datei functions.php finden Sie in Ihrem Root Verzeichnis der Wordpress Installation, bei Ihrem Hosting Anbieter, auf das Sie per (S)FTP über einen FTP Client wie. z.B. FileZilla zugreifen können. Darüber im Kapitel Wordpress Schnellstart mehr.

Zweifache Authentifizierung 2FA

Falls Sie Ihren Login in das Wordpress Backend zusätzlich mit einer zweifachen Authentifizierung sichern möchten, können Sie dazu das Plugin **Google Authenticator** nutzen. Hier wird dann zusätzlich die gleichnamige App auf Ihrem Smartphone installiert, welche einen zufälligen Code erzeugt, sobald sich jemand in Ihre Wordpress Backend einloggen möchte. Neben dem Benutzernamen und Passwort muss nun noch zusätzlich der erzeugte Code, welchen man auf der Handy App findet, eingegeben werden. Dazu laden Sie dieses Plugin im Wordpress Backend runter und konfigurieren es unter Plugins.

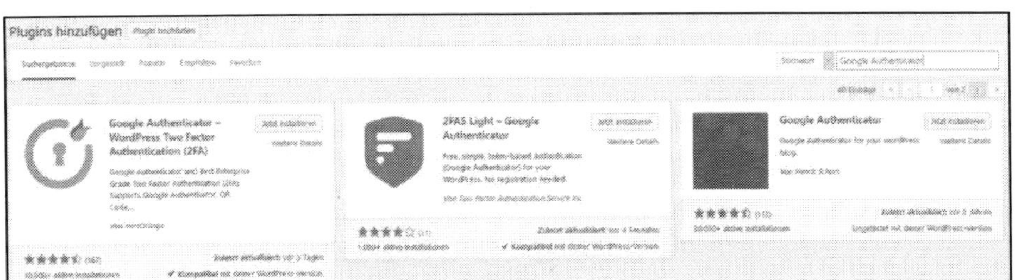

Quelle: Wordpress Backend

SQL Datenbank und PHP Version

Sie sollten immer darauf achten, dass der Unterbau Ihrer Webseite oder Blog immer auf dem aktuellsten Stand ist. Daher prüfen Sie regelmäßig Ihre phpMyAdmin SQL Datenbankversion und die PHP Version. Bei vielen Hosting Anbieter funktioniert dies mit nur wenigen Klicks. Eine höhere PHP Version bietet nicht nur eine höhere Sicherheit sondern meistens auch eine besserer Performance. Es hat also nur Vorteile.

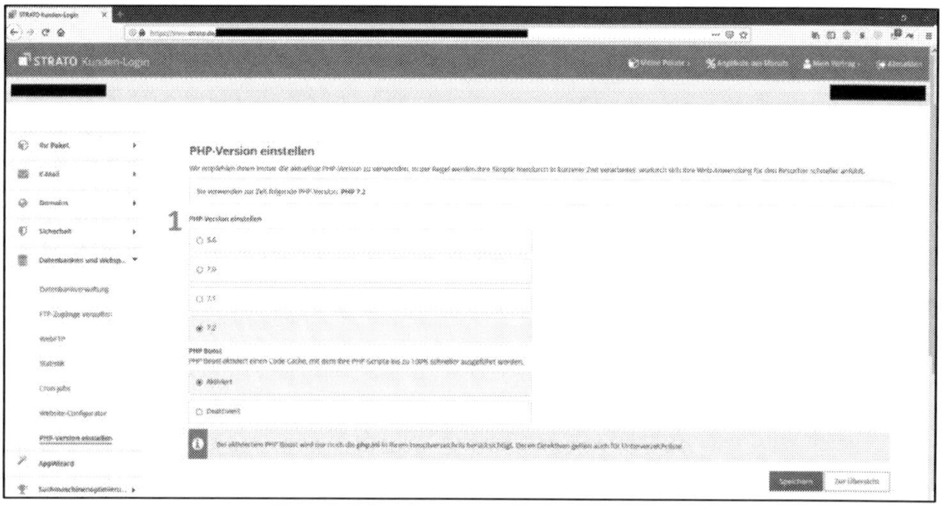

Quelle: Strato

Bei Starto unter Datenbank und Webspace per Unterpunkt PHP-Version einstellen zu finden.

Plugins und Themes allgemein

Installieren Sie nur Plug-Ins und Themes aus serösen Quellen. Halten Sie diese durch Updates immer auf dem aktuellen Stand und löschen sämtliche Plug-Ins und Themes, welche Sie nicht aktiviert haben und nutzen. Weniger ist mehr. Eine Vielzahl von Plug-Ins ist unnötig und kann durch wenige einzelne ersetzt werden. Viele Einstellungen lassen sich auch per Code in der .htaccess oder funktions.php etc. erledigen. Dies spart Ressourcen und mindert das Risiko. Man sollte immer bedanken, dass jedes installiertes Plug-In, Addon oder Theme aktiviert oder nicht, ein sehr massives Sicherheitsrisiko darstellt. Über 55 – 60% der Schwachstellen liegen bei oder durch installierte Plug-Ins

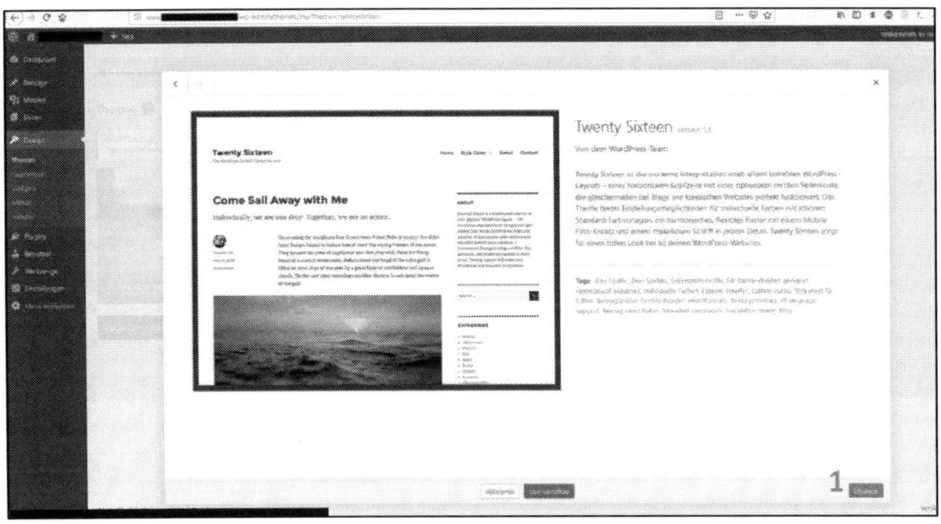

Zum Löschen ungenutzter Themes navigieren Sie im Wordpress Backend unter Design und dem Unterpunkt Themes. Dort wählen Sie alle nicht aktivierten Themes aus und löschen (1) diese.

Backend Datei-Bearbeitung

Ein Angriff auf Ihren Server oder SFTP Zugang selbst, ist durch richtig umgesetzte Sicherheitsvorkehrungen, wie in diesem Buch beschrieben, eher selten zu beobachten. Wenn die Webseite aber gekapert wurde, dann bestimmt so, dass sich der Angreifer zum Wordpress Backend Zutritt verschaffte. Befindet sich der Angreifer letztlich in diesem Backend, wird er versuchen sich Admin-Rechte zu beschaffen oder einen neuen Admin Account anzulegen. Die einzige Möglichkeit wäre hier über die Datei-Bearbeitung der Plugin – und oder Theme Editoren zu agieren und Schadcode einzubringen. Dies unterbinden Sie einfach durch einfügen des nachfolgenden Codes in Ihre wp-config.php Datei. Sie können dann ebenfalls keine Änderungen im Backend am Themes vornehmen.

In wp-config.php eintragen:

```
/** Backend Dateibearbeitung Themes deaktivieren **/
define('DISALLOW_FILE_EDIT', true);
```

Die Datei wp-config.php finden Sie über Ihr Root Verzeichnis in Unterordner, der Wordpress Installation, bei Ihrem Hosting Anbieter, auf das Sie per (S)FTP über einen FTP Client wie. z.B. FileZilla zugreifen können.

Updates und aktuelle Programm-Versionen

Halten Sie Ihre Wordpress Version, sowie sämtliche Plug-Ins immer auf dem neusten Stand und aktualisieren Sie diese regelmäßig. Mit Updates werden Sicherheitslücken und Fehler geschlossen, daher sind veraltete Versionen ein enormen Sicherheitsrisiko. Wiederstehen Sie im Wordpress Backend, unter Aktualisierungen, dem Punkt alle Aktualisierungen ausführen, per angekreuzten Harken, auf einmal zu aktualisieren. Ist eine neue Plug-In Version fehlerhaft oder verursacht Fehler on Ihrer Wordpress Installation, suchen Sie sich ewig zum Affen, bis der Auslöser gefunden ist. Daher aktualisieren Sie jedes Plug-In nach und nach einzeln.

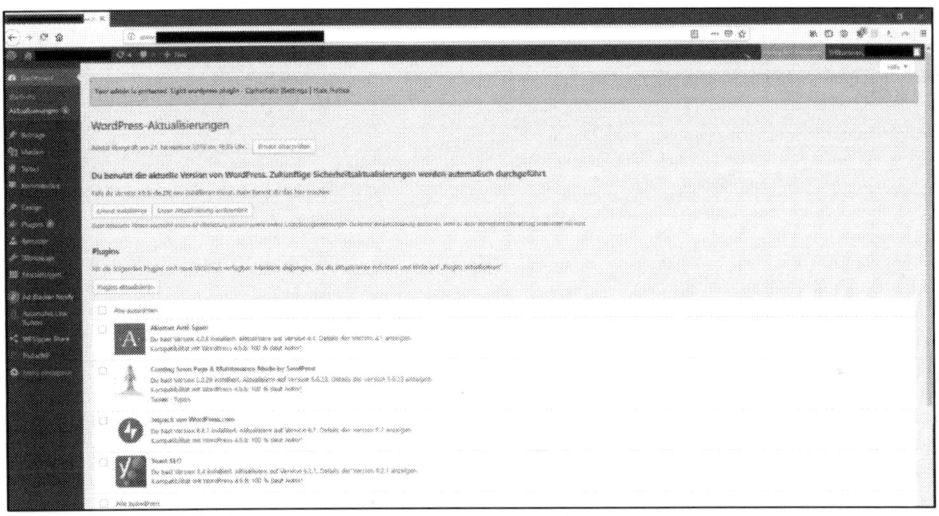

Quelle: Wordpress Backend

Wordpress Version entfernen

Um die Wordpress Version zu entfernen wird folgender Code in die functions.php eingetragen.

In functions.php eintragen.

```
/*Wordpress Version entfernen*/
add_action('init', 'remheadlink');
function remheadlink()
                  {
                   remove_action('wp_head', 'wp_generator');
                  }
```

Die Datei functions.php finden Sie über Ihr Root Verzeichnis in Unterordner, der Wordpress Installation, bei Ihrem Hosting Anbieter, auf das Sie per (S)FTP über einen FTP Client wie. z.B. FileZilla zugreifen können.

Wenn Sie Ihren Header schon enthüllt haben, was unter dem Punkt, **Wordpess Header entmüllen und Links entfernen**, beschrieben ist, ist das Entfernen der Wordpress Version schon inkludiert. Daher empfehle ich Ihnen den dort zu findenden Code einzutragen.

Wordpess Header entmüllen und Links entfernen

Damit mögliche Angreifer keiner brauchbaren Information aus Ihrem WP Header entnehmen können, wie z.B. die verwenden Wordpress Versionsnummer etc. werden dort sämtliche sicherheitsrelevanten Informationen und Links entfernt. Damit gewinnt man auch ein Stückchen Performance zurück.

In functions.php eintragen.

```
/*Wordpress Head entmuellen*/
add_action('init', 'remheadlink');
function remheadlink()
        {
            remove_action('wp_head', 'rsd_link');
            remove_action('wp_head', 'wp_generator');
            remove_action('wp_head', 'index_rel_link');
            remove_action('wp_head', 'wlwmanifest_link');
            remove_action('wp_head', 'feed_links', 2);
            remove_action('wp_head', 'feed_links_extra', 3);
            remove_action('wp_head', 'parent_post_rel_link', 10, 0);
            remove_action('wp_head', 'start_post_rel_link', 10, 0);
            remove_action('wp_head', 'wp_shortlink_wp_head', 10, 0);
            remove_action('wp_head', 'wp_shortlink_header', 10, 0);
            remove_action('wp_head', 'adjacent_posts_rel_link_wp_head', 10, 0);
        }
```

Wenn Sie per Windows Live Writer Ihre Einträge erstellen, dann entfernen Sie aus dem Code die Zeile.

```
remove_action('wp_head', 'wlwmanifest_link');
```

Möchten Sie weiterhin RSS Feeds im Head Bereich ausgeben dann entfernen Sie dieses Zeilen aus dem Code.

```
remove_action('wp_head', 'feed_links', 2);
remove_action('wp_head', 'feed_links_extra', 3);
```

Die Datei functions.php finden Sie über Ihr Root Verzeichnis in Unterordner, der Wordpress Installation, bei Ihrem Hosting Anbieter, auf das Sie per (S)FTP über einen FTP Client wie. z.B. FileZilla zugreifen können.

robots.txt anlegen

Legen Sie eine robots.txt Datei an und legen Sie diese in Ihrem Root Verzeichnis, der Wordpress Installation, bei Ihrem Hosting Anbieter, auf das Sie per (S)FTP über einen FTP Client wie. z.B. FileZilla zugreifen können, ab. Durch das Robots Exclusion Standard Protokol wird mit Hilfe der besagten robots.txt Datei, das Verhalten der Suchmaschinen-Roboter, auf Ihrer Webseite und der Domain beeinflusst.

Es soll verhindern, dass bestimmte Bereiche Ihrer Seite durchsucht und indexiert werden. Um dies zu erreichen legen Sie im Root Verzeichnis Verhaltensregeln für Suchmaschinen und Ihre Bots, auch Crawler und Spider genannt fest. Diese Verhaltensregeln sind zwar nicht bindend, aber in der Regel halten sich alle seriösen Suchmaschinen daran. Man könnte es mit einem Schild „Einbahnstraße“ und „Verbot der Einfahrt“ vergleichen, jeder vernünftige Autofahrer würde niemals falsch herum in eine solche Einbahnstraße fahren, so halten es auch besagte Suchmaschinen mit der Bitte in der robots.txt Datei.

Dies hat nicht nur SEO Vorteile (Suchmaschinen Optimierung), sondern bringt auch positive Aspekte bezüglich der Sicherheit. Jeder der Suchmaschinen „Hacks“ kennt weiß, dass man mit Hilfe dieser viele Schwachstellen und Informationen möglicher Opfer finden kann. Stellen Sie sich vor, Sie betreiben mehrere unabhängige und thematisch verschiedene Webseiten, welche nicht in Kontakt stehen oder stehen sollen.

Jetzt tippt aber ein Konkurrent, Angreifer etc. nur Ihre persönliche Daten wie die Privat oder die Firmen-Anschrift, Ihren Namen und die gängigen Daten aus Ihrem Impressum, in einer Suchmaschine mit Anführungszeichen, ein. Wie nachfolgend mit **“Max Mustermann, Firma Muster, Musterstraße“**, bei (1) Abb. Max Mustermann Suche. Die Anführungszeichen sagen der Suchmaschine, dass nur exakt übereinstimmende Daten, die zwischen den zwei Zeichen genannt sind, aufgeführt werden sollen. Findet die Suchmaschine keine exakte Übereinstimmungen, (2) auf dem Bild Max Mustermann Suche, dann werden ähnliche Ergebnisse, ohne die Anführungszeichen, (3) auf dem Bild Max Mustermann Suche aufgelistet. So werden fein säuberlich all Ihre Webseiten, mit Ihren übereinstimmenden Daten aus jeweils dem einzelnen Impressum, aufgelistet. Hat ein Angreifer nun schon eine Seite, E-Mail Adresse etc. von Ihnen gehackt kann er dieselben Zugangsdaten auch auf den nächsten Seiten von Ihnen testen oder weitere Information über Sie sammeln. Daher sollten diverse Seiten nicht bei Suchmaschinen indexiert werden.

Das ganze wird auch Google Hacking oder Google-Dorking genannt und kann mit vielen diversen Befehlen, sehr viele unerwünschte Daten zu Tage fördern. So wurden schon Steuerungen von Krankenhäusern, Heizungen, Schwimmbäder, Webkameras und vieles mehr auf Google indexiert und so den Leuten mit entsprechenden Kenntnisse in der :InURL Suche offenbart. Und als dies nur weil die Verzeichnisse nicht geschützt waren und es keine robots.txt gab.

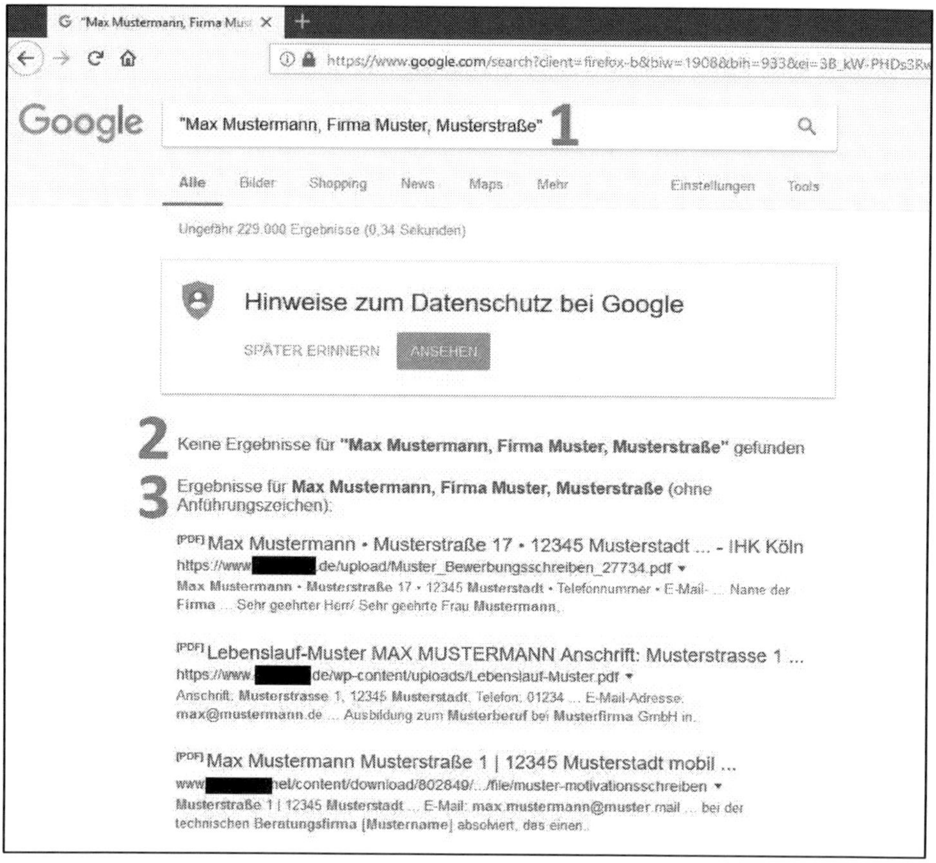

Quelle: www.google.com Abb. Max Mustermann Suche

Um eine robots.txt anzulegen gehen Sie wie folgt vor. Klicken Sie auf Ihrem Computer Desktop mit der Maus, unter Windows Betriebssystemen, rechter Mausklicks in Leere. Nun öffnet sich ein Fenster (Abb. Fenster Neu). Dort klicken Sie mit der Maus auf **Neu > Textdokument**. Bei Linux Systemen erstellen Sie einfach ein neues einfaches Textdokument, was je nach Version auch wie hier beschrieben ist funktioniert. In dem neuen einfachen Textdokument tippen Sie den nachfolgenden Code ein.

Zum Anlegen einer robots.txt folgenden Text in eine neue einfache Textdatei schreiben. Dazu eignet sich Notepad++.

```
# robots.txt zu https://www.Ihre-Webseite.de

User-agent: *
Disallow: /cgi-bin/
Disallow: /wp-admin/
Disallow: /wp-*
Disallow: /wp-includes/
Disallow: /feed/
Disallow: /trackback/
Disallow: /comments/
Disallow: */trackback/
Disallow: */feed/
Disallow: */comments/
Disallow: /
Disallow: /wp-content/plugins/
Disallow: /wp-content/cache/
Disallow: /wp-content/themes/
Disallow: /impressum
Disallow: /impressum/
Disallow: /tmp
Disallow: /logs
Allow: /wp-admin/admin-ajax.php
```

Anschließend speichern Sie diese Datei als **robots.txt** und laden Sie in Ihr Root Verzeichnis der Wordpress Installation bei Ihrem Hosting Anbieter, auf das Sie per (S)FTP über einen FTP Client wie. z.B. FileZilla zugreifen können hoch.

Impressum auf Noindex

Um das Impressum sicher vor der Indexierung zu schützen, setzten Sie mit Hilfe des **Plugin Yoast SEO** die Unterseite Impressum auf Noindex. Dazu rufen Sie Ihre Impressum Seite im Wordpress Backend über Seiten auf und scrollen nach unten zu Yoast SEO. Dort klicken Sie den Reiter **Fortgeschritten** an und setzten den Punkt auf **Meta robots index** von **follow** mit einem Klick auf **nofollwo**. Bei der aktuellen Version von Yoast klicken Sie den Reiter **Erweitert** an und wählen bei **Erlaube Suchmaschinen diesen Seite in den Suchergebnissen anzuzeigen?** nein und setzen darunter den Punkt bei **Sollen Suchmaschinen Links auf diese(n) Seite folgen?** ebenfalls auf Nein.

Wobei letztere Einstellung eine reine Glaubenssache ist, so können die Suchmaschinen selbst einer solchen Seite, einen Pagerank zuordnen. Wird die Seite nicht indexiert aber den Links darf trotzdem gefolgt werden, kann dies ein SEO Vorteil sein.

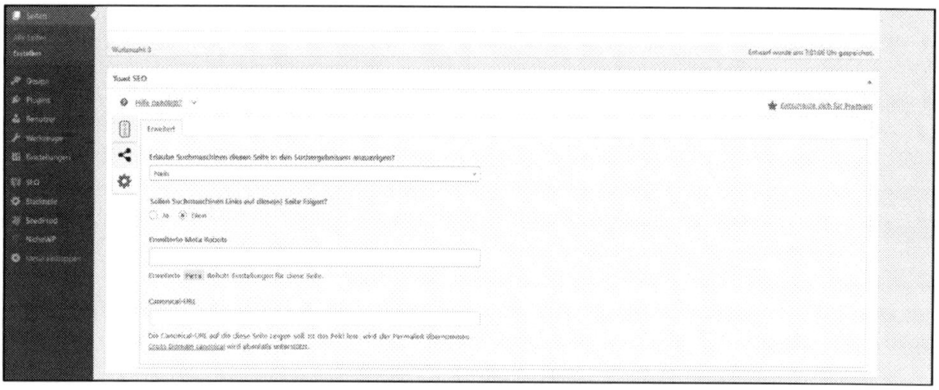

Quelle: Wordpress Backend, Yoast SEO Einstellungen

Kommentare deaktivieren

Die Kommentarfunktion unter Wordpress ist schon lange die reinste Spamschleuder über die massive automatisierte SPAM-Angriffe ausgeführt werden und sollte daher deaktiviert werden. Wer Kommentare unter seinen Artikeln nutzen möchte, der sollte beliebte Alternativen wie Disqus oder ähnliche Varianten von externen Anbietern nutzen. Wer gegen alle Vernunft die Wordpress eigene Kommentarfunktion nutzen möchte, sollte unbedingt das **Plug-in Antispam Bee** einsetzten.

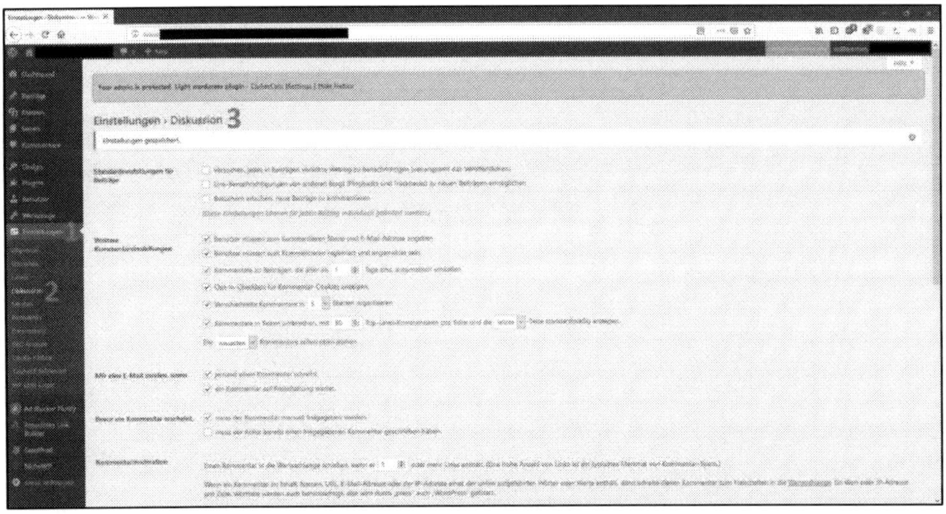

Quelle: Wordpress Backend

Zunächst sollten im Wordpress Backend die folgenden Standard Einstellungen übernommen werden. Navigieren Sie unter **Einstellungen (1)** und den Unterpunkt **Diskussion (2)**. Nun können Sie folgenden Einstellungen übernehmen. Dies ermöglicht schon mal dass niemand mehr ein Kommentar posten und veröffentlichen kann, ohne dass Sie es freigegeben haben. Damit wäre die „Seuche" erstmals eingedämmt aber nicht vollständig bekämpft.

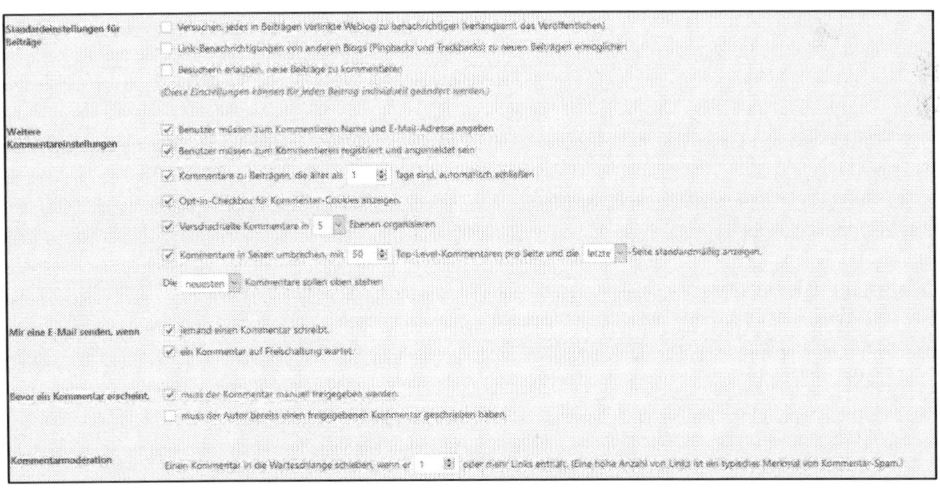

Quelle: Wordpress Backend

Nun sollten Sie auf die Wordpress Kommentar Funktion gänzlich verzichten und diese deaktivieren. Dazu wird das **Plug-Ins Disable**

Comments im Wordpress Backend unter Plugins installieren runtergeladen, installiert und aktiviert.

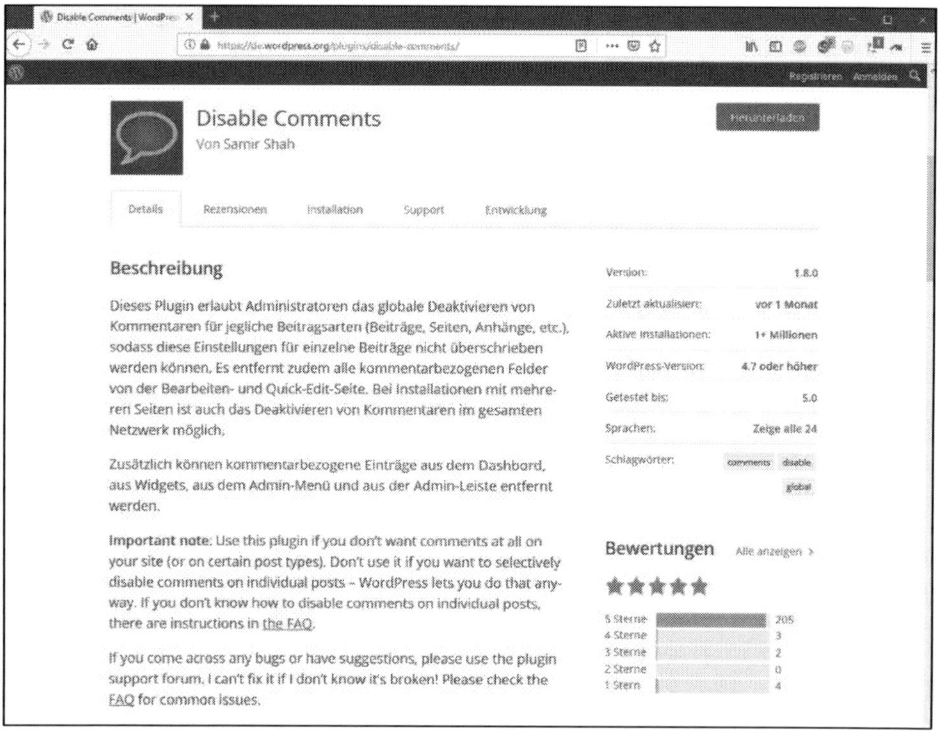

Quelle: https://de.wordpress.org/plugins/disable-comments/

Alternativ dazu kann man in die functions.php folgenden Code von https://gist.github.com/mattclements/eab5ef656b2f946c4bfb eintragen, nachfolgend abgebildet, (wahrscheinlich ist dieser nur schlecht bis nicht lesbar. Bitte schauen Sie sich den Code daher online über den Link an).

Die Datei functions.php finden Sie über Ihr Root Verzeichnis in Unterordner, der Wordpress Installation, bei Ihrem Hosting Anbieter, auf das Sie per (S)FTP über einen FTP Client wie. z.B. FileZilla zugreifen können.

Wordpress Disable Comments

https://gist.github.com/mattclements/eab5ef656b2f946c4bfb

function.php

```php
<?php

// Add to existing function.php file

// Disable support for comments and trackbacks in post types
function df_disable_comments_post_types_support() {
	$post_types = get_post_types();
	foreach ($post_types as $post_type) {
		if(post_type_supports($post_type, 'comments')) {
			remove_post_type_support($post_type, 'comments');
			remove_post_type_support($post_type, 'trackbacks');
		}
	}
}
add_action('admin_init', 'df_disable_comments_post_types_support');

// Close comments on the front-end
function df_disable_comments_status() {
	return false;
}
add_filter('comments_open', 'df_disable_comments_status', 20, 2);
add_filter('pings_open', 'df_disable_comments_status', 20, 2);

// Hide existing comments
function df_disable_comments_hide_existing_comments($comments) {
	$comments = array();
	return $comments;
}
add_filter('comments_array', 'df_disable_comments_hide_existing_comments', 10, 2);

// Remove comments page in menu
function df_disable_comments_admin_menu() {
	remove_menu_page('edit-comments.php');
}
add_action('admin_menu', 'df_disable_comments_admin_menu');

// Redirect any user trying to access comments page
function df_disable_comments_admin_menu_redirect() {
	global $pagenow;
	if ($pagenow === 'edit-comments.php') {
		wp_redirect(admin_url()); exit;
	}
}
add_action('admin_init', 'df_disable_comments_admin_menu_redirect');

// Remove comments metabox from dashboard
function df_disable_comments_dashboard() {
	remove_meta_box('dashboard_recent_comments', 'dashboard', 'normal');
}
add_action('admin_init', 'df_disable_comments_dashboard');

// Remove comments links from admin bar
function df_disable_comments_admin_bar() {
	if (is_admin_bar_showing()) {
		remove_action('admin_bar_menu', 'wp_admin_bar_comments_menu', 60);
	}
}
add_action('init', 'df_disable_comments_admin_bar');
```

Quelle: https://gist.github.com/mattclements/eab5ef656b2f946c4bfb

Smileys uns Emojis deaktivieren

Das Problem mit den Smileys und Emojis ist, dass selbst wenn keine genutzt werden, der dazu nötige JavaScript immer geladen wird und Wordpress darüber hinaus auch Einträge in den head der Website schreibt. JavaScript ist ein Einfalltor und nicht nur aus Gründen der Sicherheit sollten die Emojis verbannt werden, sondern auch aus Performer Gründen. Um alle Emojis endgültig aus Wordpress zu verbannen, müssen Sie folgenden Code in die functions.php eingeben. Alternativ ist dies auch über ein Plug-In möglich.

In functions.php eintragen.

```
/*Emojis im frontend und backend entfernen*/
remove_action( 'wp_head', 'print_emoji_detection_script', 7 );
remove_action( 'wp_print_styles', 'print_emoji_styles' );
remove_action( 'admin_print_scripts', 'print_emoji_detection_script' );
remove_action( 'admin_print_styles', 'print_emoji_styles' );
```

Die Datei functions.php finden Sie über Ihr Root Verzeichnis in Unterordner, der Wordpress Installation, bei Ihrem Hosting Anbieter, auf das Sie per (S)FTP über einen FTP Client wie. z.B. FileZilla zugreifen können.

XML-RPC Schnittstelle deaktivieren

Die XML-PRC Schnittstelle ist seit der Wordpress Version 3.5 standardmäßig aktiviert und dient dazu, dass man über diverse Remote Funktionen über Android, iOS Apps oder Desktop Programme wie z.B. Microsoft Word, Windows Live Writer oder ähnliche, die eigene Seite verwalten, Kommentare bearbeiten und Artikel verfassen kann. Auch die Pingbacks werden über diese Schnittstelle gesteuert. Die Pingback API ist als eine Art Vernetzung zwischen verschiedenen Blogs und Wordpress Webseiten zu sehen. Verlinkt Blog A, Ihren Blog B, wird dieser angepingt und dadurch darüber informiert.

Im Hintergrund findet bei diesem Prozess eine Serveranfrage statt, ein sogenannter Pingback-Request. Hacker können dies ausnutzen um unzählige gefälschter Pingback-Request´s zu senden und geben dann Ihre Webseite als Quelle an. Dies wiederum führt dazu, dass zig tausende Anfrage zeitgleich eingehen und Ihren Server überlasten und in Folge dessen, Ihre Seite zusammenbricht und offline geht. Dies wäre dann ein klassischer DDoS Angriff (Denial of Service) über die XML-RPC Schnittelle. So kann man als Angreifer eine Seite permanent vom Netz nehmen. Ist die Seite nicht erreichbar, kommen auch Sie nicht ins Backend und können nichts unternehmen. Erst über Umwege bei Ihrem Hoster, in der Nutzer und Paketverwaltung, müssen Sie Ihre Domain umleiten bzw. temporär abschalten. Dann müssen Sie herausfinden was los ist und entsprechende Gegenmaßnahmen einleiten. Ein Laie wird hier überfordert sein und der Rat eines Experten ist teuer.

! Wurden Sie Opfer einer DDoS Attacke über die XML-RPC, so führen Sie die später nachfolgende Schritte durch, welche normal präventiv getroffen werden sollten. Alternativ löschen Sie die xmlrpc.php Datei in Ihrem Root Verzeichnis per (S)FTP, führen die dann die hier aufgeführten Schritte durch und laden eine saubere xmlrpc.php aus einem Ihrer Backups hoch. !

Eine weitere Möglichkeit eine Attacke über die XML-PRC Schnittstelle zu starten, wäre ein Brute Force Angriff. Den Brute Force Angriff haben

Sie schon unter dem Punkt **Passwörter richtig wählen und verwalten** kennen gelernt. Damit werden solange Passwörter und oder Nutzername ausprobiert, bis die richtigen Zugangsdaten gefunden sind. In diesem Szenario per XML-PRC werden über http Anfragen, mit der Funktion system.multicall, mehrere hunderte, bis zu 500 Passwörter pro Anfrage ausgeführt und getestet.

Da Kommentare über die Wordpress interne Funktion sowieso der Geschichte angehören und ebenfalls abgeschaltet gehören, man die eigene Seite am besten im Wordpress Backend verwaltet und Pingbacks nicht wirklich überlebenswichtig sind, sollten Sie die XML-RPC einfach blockieren oder besser noch ganz abschalten. Aber Achtung mache Themes und Plug-Ins von Drittanbieter können diese Schnittstelle nutzen. Daher sollten Sie bei Ihren Theme-Anbieter in Erfahrung bringen, ob die XML-RPC genutzt wird. Im Zweifel einfach selbst testen, viel kann nicht passieren.

XML-RPC per .htaccess blockieren.

Schreiben Sie nachfolgenden Code in die .htaccess.

```
# XML-RPC deaktivieren
<Files xmlrpc.php>
Order Deny,Allow
Deny from all
</Files>
```

Die Datei .htaccess finden Sie in Ihrem Root Verzeichnis der Wordpress Installation, bei Ihrem Hosting Anbieter, auf das Sie per (S)FTP über einen FTP Client wie. z.B. FileZilla zugreifen können. Darüber im Kapitel Wordpress Schnellstart und unter .htaccess anlegen mehr.

XML-RPC aus Header entfernen und komplett abschalten per Filter in der functions.php

Schreiben Sie nachfolgenden Code in die functions.php

```
/* XML-RPC Schnittstelle komplett abschalten inkl header */
add_filter( 'xmlrpc_enabled', '__return_false' );
add_filter( 'wp_headers', 'AH_remove_x_pingback' );
function AH_remove_x_pingback( $headers )
{
unset( $headers['X-Pingback'] );
return $headers;
}
```

Die Datei functions.php finden Sie über Ihr Root Verzeichnis in Unterordner der Wordpress Installation, bei Ihrem Hosting Anbieter, auf das Sie per (S)FTP über einen FTP Client wie. z.B. FileZilla zugreifen können.

XML-RPC per Plug-In abschalten.

Alternativ kann auch das Plug-In Disable XML-RPC genutzt werden, jedoch wird hier hin und wieder von Fehler oder dem nicht korrekten arbeiten des Plug-In berichtet. Ohnehin sind weniger Plug-Ins zu empfehlen.

REST API deaktivieren

Die REST API ist vereinfacht gesagt eine offene Programmierschnittstelle für externe Programme bzw. um zwischen verschiedenen Systemen zu kommunizieren. Es ist theoretisch möglich HTTP-Request Angriffe zu fahren, um darüber Daten zu ändern, Löschen etc. Da immer mehr Plug-Ins die REST API nutzen, kann es beim Deaktivieren zu Problemen kommen. Erkundigen Sie sich ob von Ihnen eingesetzte Plug-Ins die REST API nutzen und wenn ja, ob es Alternativen ohne gibt. Zum deaktivieren schreiben Sie den nachfolgenden Code in die functions.php.

Achtung ab Wordpress Version 5 wird vermehrt auf die REST API gesetzt. Testen Sie daher ausgiebig ob Sie diese API selbst nutzen oder nicht, bevor es zu Komplikationen kommt.

In functions.php eintragen.

```
/*REST API deaktivieren*/
add_filter('rest_enabled', '_return_false');
add_filter('rest_jsonp_enabled', '_return_false');
```

Die Datei functions.php finden Sie über Ihr Root Verzeichnis in Unterordner, der Wordpress Installation, bei Ihrem Hosting Anbieter, auf das Sie per (S)FTP über einen FTP Client wie. z.B. FileZilla zugreifen können.

Alternativ kann dazu auch ein Plug-In wie z.B. Disable REST API genutzt werden.

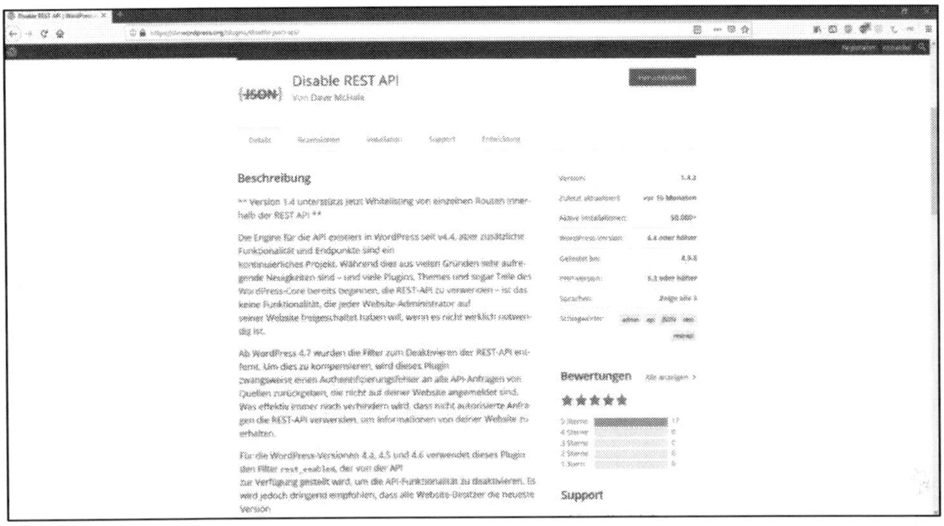

Quelle: https://de.wordpress.org/plugins/disable-json-api/

Virenscanner und externe Malware Scanner

Mit dem **Plugin AntiVirus** scannen Sie Ihre Seite nach Viren und bekommen so einen Überblick in Ihrer Admin Bar im Wordpress Backend. Regelmäßige Scans sollten kontinuierlich durchgeführt werden. Auch das **Plugin Theme Authenticity Checker (TAC)** eignet sich gut um Schadeware zu finden.

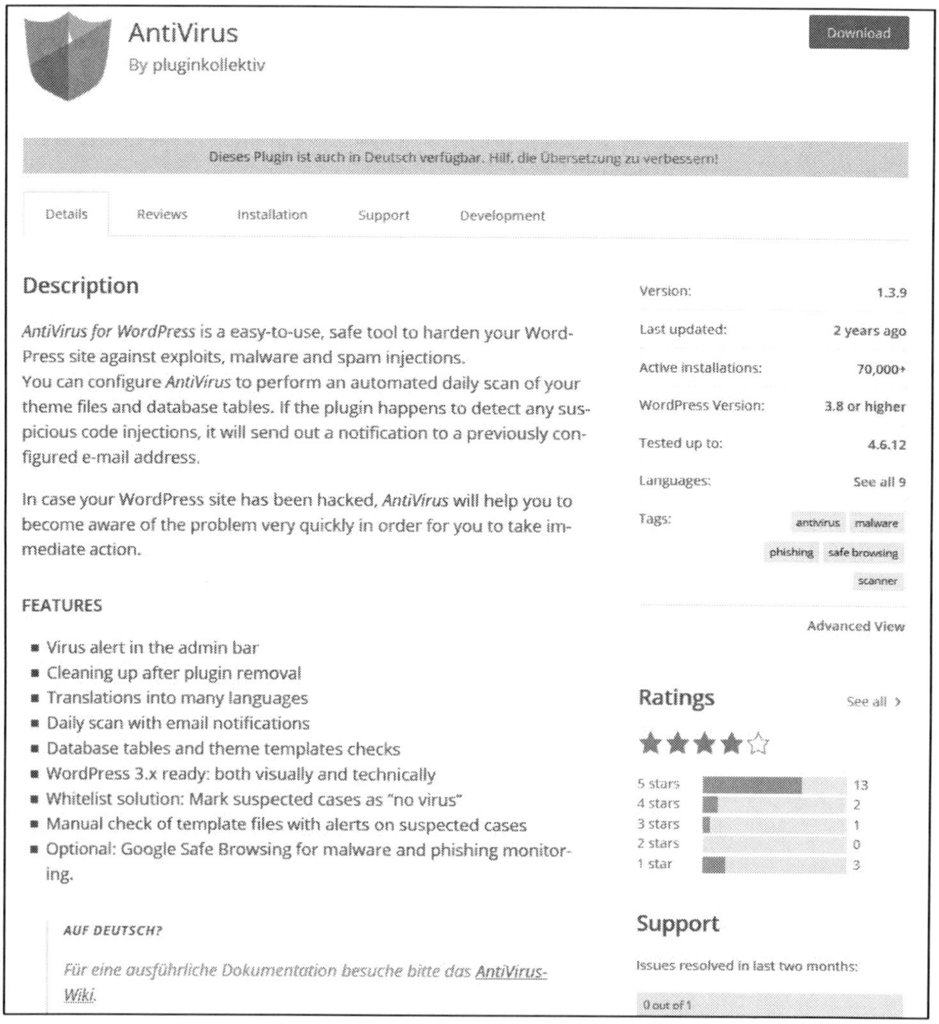

Quelle: https://wordpress.org/plugins/antivirus/

Neben dem AntiVirus Plugin und SiteLock Dienst kann man seine Webseite oder Blog auch auf diversen Seiten per online Malewarescanner prüfen lassen. Man muss dann nur die zu prüfende Adresse (URL) seiner

Webseite oder Blog eingeben und schon wird dies(er) kostenlos überprüft. Als Beispiel habe ich die wohl zwei bekanntesten Seiten, welche solche Scans durchführen aufgeführt. Dies wäre einmal virustotal und SUCURI.

Quelle: https://www.virustotal.com/de/

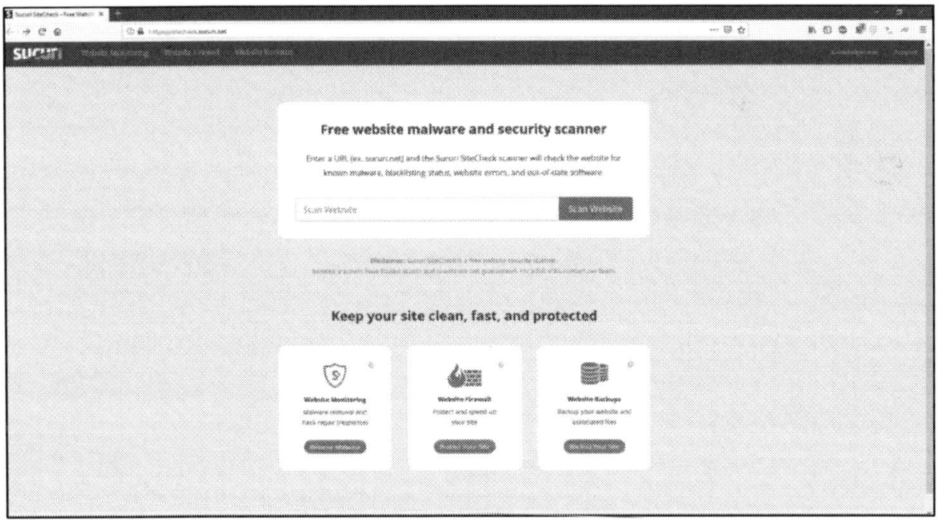

Quelle: https://sitecheck.sucuri.net/

Externer WordPress Security Scanner

Mit dem kostenlosen Dienst https://hackertarget.com/wordpress-security-scan/ können Sie Ihre Wordpress Webseite und oder Blog auf Sicherheitslücken durchleuchten. Dabei rufen Sie die Domain auf und geben die zu prüfenden Adresse (URL) Ihrer Seite ein und starten die Analyse.

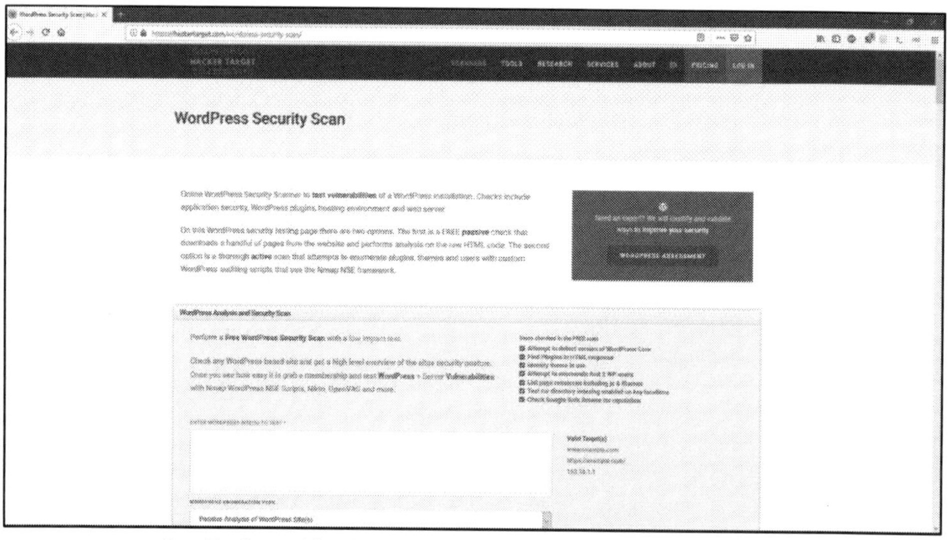

Quelle: https://hackertarget.com/wordpress-security-scan/

Ist die Analyse abgeschlossen, so werden sehr viele wichtige Infos angezeigt, womöglich Sicherheitslücken welche dann von Ihnen behoben werden können. Nachfolgend die Auszüge einer solchen Überprüfung. Bevor Sie mit der Umsetzung der Tipps im Buch anfangen sollten Sie Ihre Seite hier einmal scannen lassen und im Anschluss, damit Sie sehen was sich dann alles zum positiven geändert hat.

Quelle: https://hackertarget.com/wordpress-security-scan/

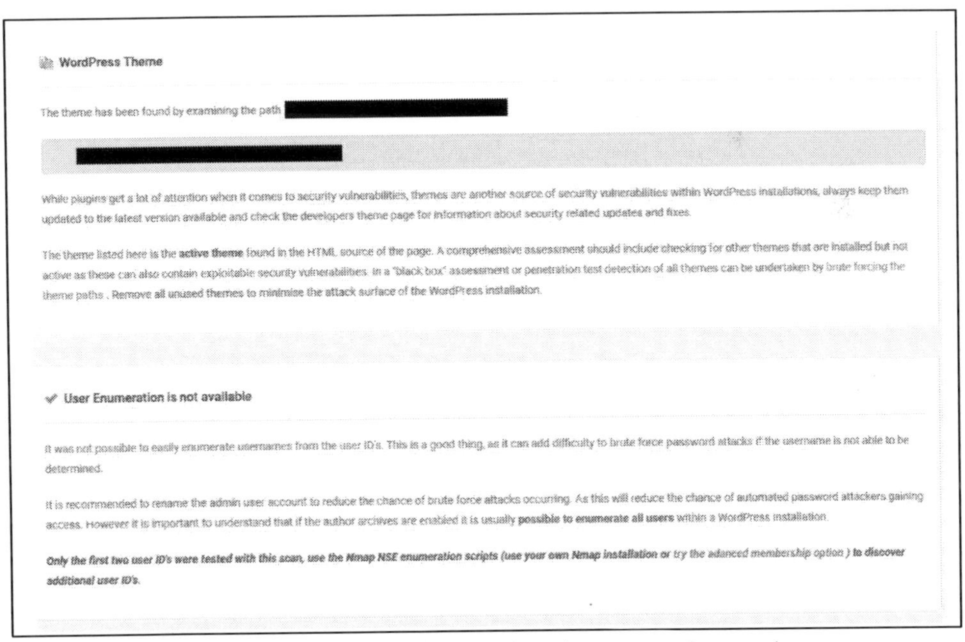

Quelle: https://hackertarget.com/wordpress-security-scan/

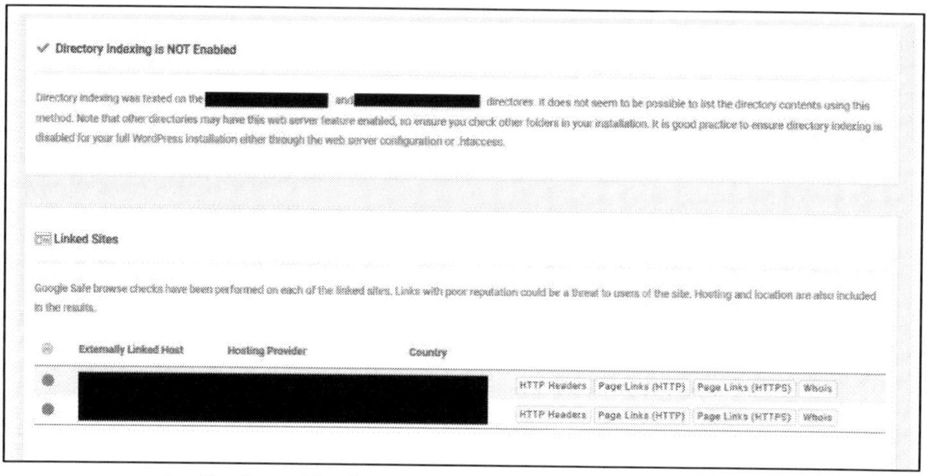

Quelle: https://hackertarget.com/wordpress-security-scan/

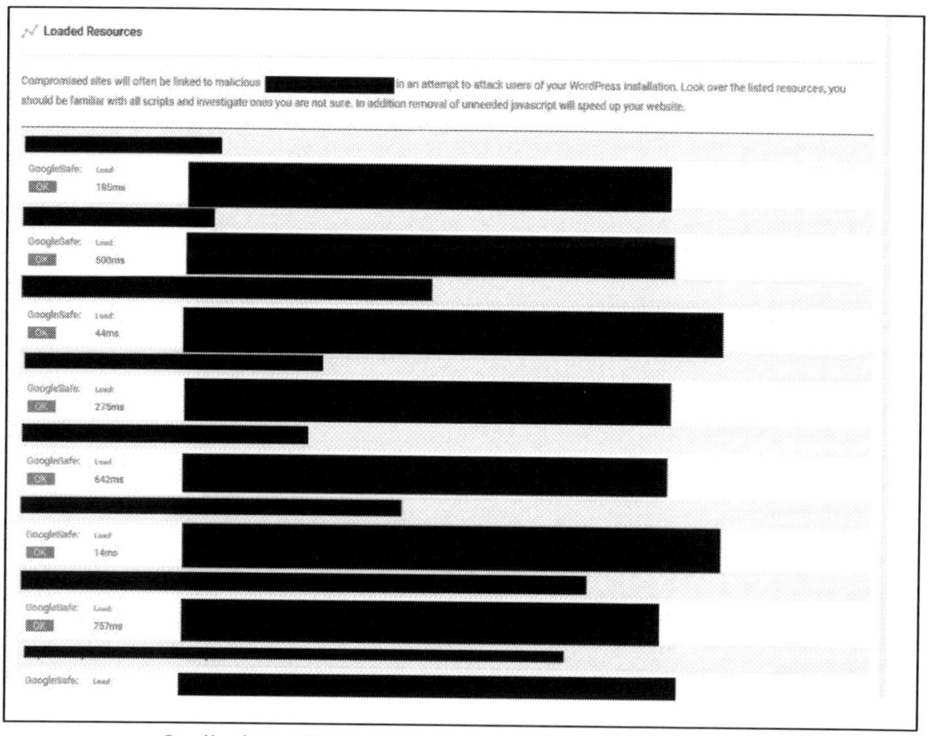

Quelle: https://hackertarget.com/wordpress-security-scan/

SiteLock

SiteLock ist ein cloudbasiertes Sicherheits-Tool, welches Webseiten auf Malware und Sicherheitslücken scannt, sowie Sicherheit Schwachstellen im Webspace automatisiert behebt. SiteLock ist als zusätzliches Sicherheitsfeature bei vielen Webhostern, optional als Monats Abo zu buchbar. Die Preise belaufen sich von 1 bis 5 € monatlich, pro Webseite, je nach Umfang der zu überwachenden Seite und Angebot es Webhosting-Anbieter.

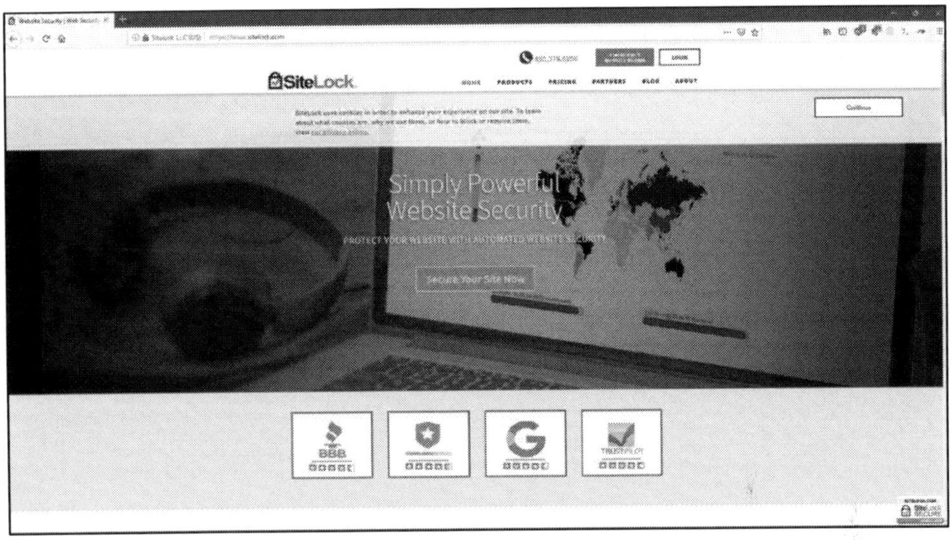

Quelle: https://www.sitelock.com/

SiteLock bietet folgenden Schutz an:

- Blacklist Monitoring
- SQL Injection
- Malware
- Cross-Site-Scripting
- Website Application Scan
- Sicherheitsempfehlungen

Meiner Meinung nach sollte SiteLock bei keiner Webseite fehlen, dazu zeigt es Ihren Besuchern durch ein rechteckiges Logo an, dass Ihre Webseite oder Blog frei von Schadware ist, was wiederum Vertrauen aufbaut.

Quelle: https://www.sitelock.com/

Klickt man auf dieses besagte Logo, öffnet sich ein Zertifikat, welches die Domain anzeigt, den letzten Scan, die SSL Verschlüsselung und das die Seite Malware und Spamfrei ist.

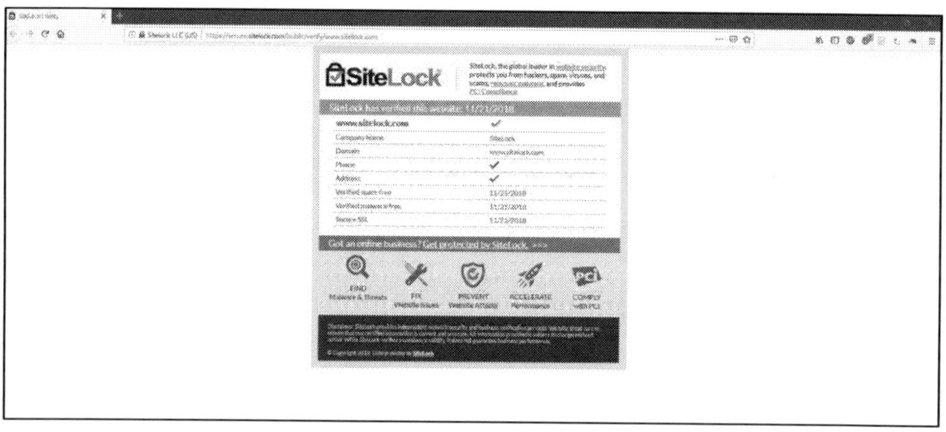

Quelle https://secure.sitelock.com/public/verify/www.sitelock.com

In der Beispielkonfiguration bei Strato wird unter https://www.strato.de/faq/article/2320/Was-bietet-mir-SiteLock.html noch einmal genau erklärt was die Schutzfunktionen genau machen.

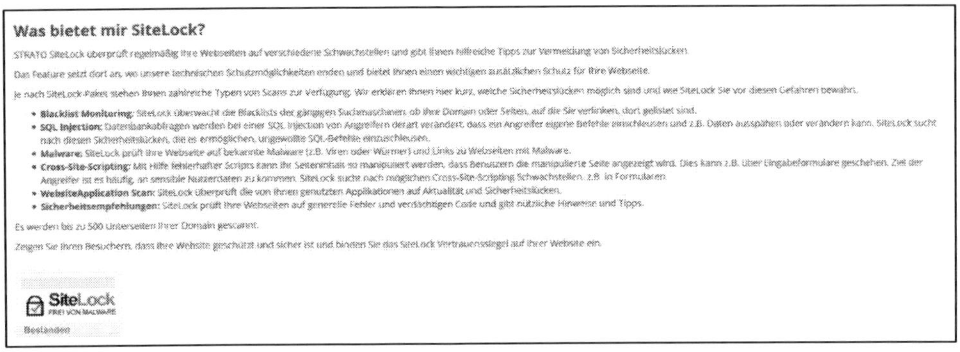

Was bietet mir SiteLock?

STRATO SiteLock überprüft regelmäßig Ihre Webseiten auf verschiedene Schwachstellen und gibt Ihnen hilfreiche Tipps zur Vermeidung von Sicherheitslücken.

Das Feature setzt dort an, wo unsere technischen Schutzmöglichkeiten enden und bietet Ihnen einen wichtigen zusätzlichen Schutz für Ihre Webseite.

Je nach SiteLock-Paket stehen Ihnen zahlreiche Typen von Scans zur Verfügung. Wir erklären Ihnen hier kurz, welche Sicherheitslücken möglich sind und wie SiteLock Sie vor diesen Gefahren bewahrt.

- **Blacklist Monitoring:** SiteLock überwacht die Blacklists der gängigen Suchmaschinen, ob Ihre Domain oder Seiten, auf die Sie verlinken, dort gelistet sind.
- **SQL Injection:** Datenbankabfragen werden bei einer SQL Injection von Angreifern derart verändert, dass ein Angreifer eigene Befehle einschleusen und z.B. Daten ausspähen oder verändern kann. SiteLock sucht nach diesen Sicherheitslücken, die es ermöglichen, ungewollte SQL-Befehle einzuschleusen.
- **Malware:** SiteLock prüft Ihre Webseite auf bekannte Malware (z.B. Viren oder Würmer) und Links zu Webseiten mit Malware.
- **Cross-Site-Scripting:** Mit Hilfe fehlerhafter Scripts kann Ihr Seiteninhalt so manipuliert werden, dass Benutzern die manipulierte Seite angezeigt wird. Dies kann z.B. über Eingabeformulare geschehen. Ziel der Angreifer ist es häufig, an sensible Nutzerdaten zu kommen. SiteLock sucht nach möglichen Cross-Site-Scripting Schwachstellen, z.B. in Formularen.
- **WebsiteApplication Scan:** SiteLock überprüft die von Ihnen genutzten Applikationen auf Aktualität und Sicherheitslücken.
- **Sicherheitsempfehlungen:** SiteLock prüft Ihre Webseiten auf generelle Fehler und verdächtigen Code und gibt nützliche Hinweise und Tipps.

Es werden bis zu 500 Unterseiten Ihrer Domain gescannt.

Zeigen Sie Ihren Besuchern, dass Ihre Website geschützt und sicher ist und binden Sie das SiteLock Vertrauenssiegel auf Ihrer Website ein.

SiteLock
FREI VON MALWARE
Bestanden

Quelle: https://www.strato.de/faq/article/2320/Was-bietet-mir-SiteLock.html

Um SiteLock zu buchen loggen Sie sich ihn Ihren Strato Account ein, wählen Ihr Paket aus und navigieren rechts zu dem Punkt **Sicherheit (1)** und dann zu dem Unterpunkt **STRATO SiteLock (2)**. Hier können Sie nun STRATO SiteLock Basis oder STRATO SiteLock Premium kostenpflichtig für je eine Webseite oder Blog bestellen.

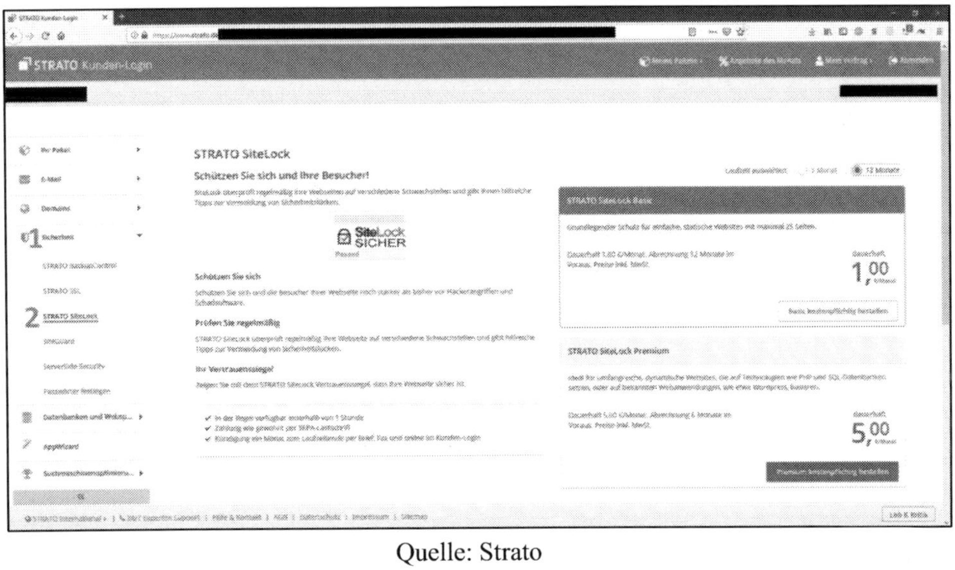

Quelle: Strato

SiteGuard

Schützen Sie Ihren Webspace durch eine Schreibschutzfunktion und das Logging von Zugriffen über und durch Ihren Hosting Anbieter wenn dies an geboten wird. Bei der Beispiel Konfiguration mit Strato, loggen Sie sich in Ihr Strato Account ein und rufen Ihr Paket ab. Dort navigieren Sie links zu **Sicherheit (1)** und über den Unterpunkt **SiteGuard (2)**.

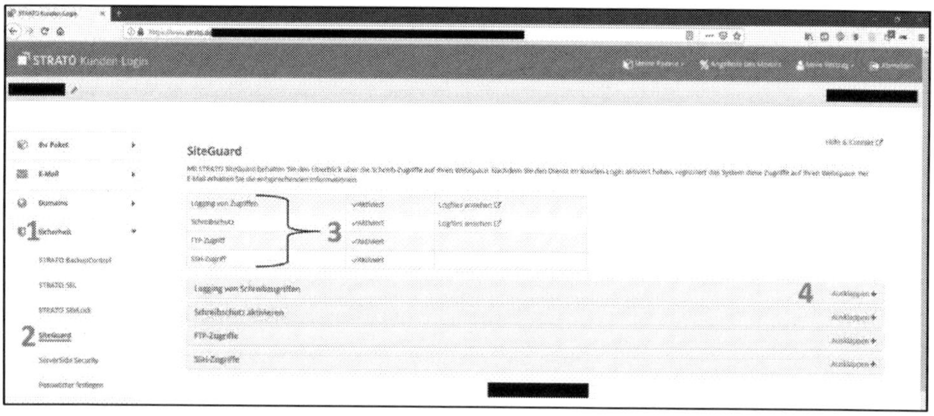

Quelle: Strato

Um die jeweilige Funktion unter **(3)** zu aktivieren müssen Sie jeweils das Untermenü **(4)** der gewünschten Funktion öffnen und konfigurieren.

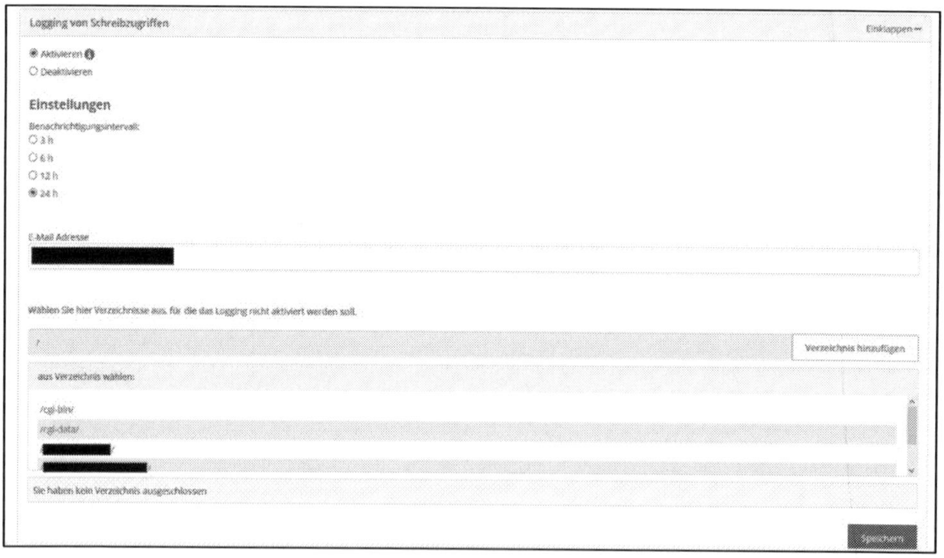

Quelle: Strato

Wollen Sie das Schreibzugriffe dokumentiert werden, dann öffnen Sie wie beschrieben das Untermenü durch das **Aufklappen + (4)** und klicken dort **Aktivieren** an, tragen eine **E-Mail Adresse** ein, an welche die Logfiles gesendet werden sollen, sowie einen entsprechenden **Benachrichtigungsintervall** von 3, 6, 12 oder 24 Stunden.

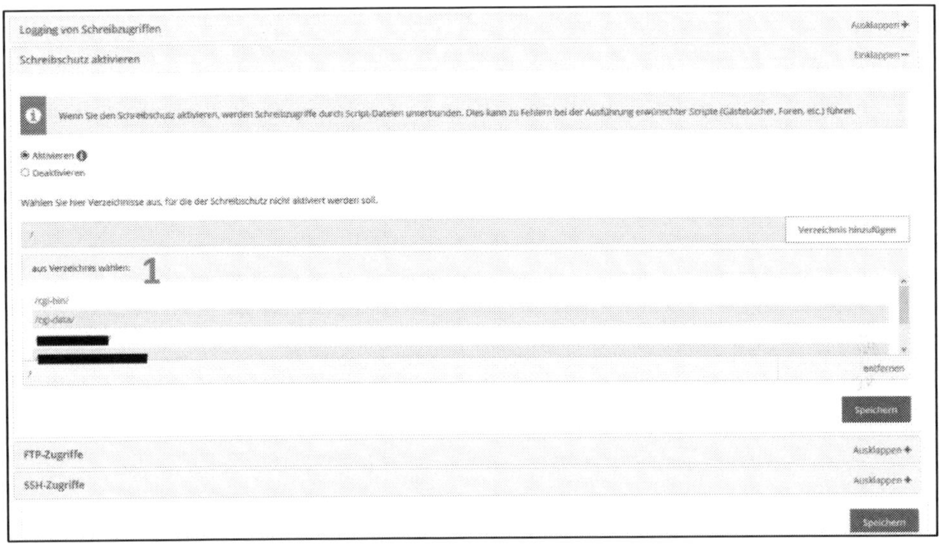

Quelle: Strato

Soll der Schreibschutz aktiviert werden, ist die Vorgehensweise identisch. Öffnen Sie wie beschrieben das Untermenü durch das **Aufklappen + (4)** und klicken dort **Aktivieren**

Werden CGIs aus der STRATO CGI-Bibliothek muss das /cgi-data/ Verzeichnis vom Schreibschutz ausgenommen werden. Dazu klicken Sie dieses unter **Verzeichnis auswählen (1)** an und speichern anschließend.

CGIs aus der STRATO CGI-Bibliothek sind nachfolgend: (Quelle http://stratocgi.de/einleitung.php)

- WebChats
- Gästebuch
- Besucherzähler
- Forum/Forum-Manager
- Adressbuch
- Mini-Datenbank
- Digitale Uhr
- Analoge Uhr
- Mail Manager
- Grafischer Counter
- Event-Kalender
- (Webkalender)
- RSS-News Manager
- Verzeichnis Schutz Manager
- Website-Search
- E-Mail Newsletter Tool
- Formularbaukasten
- Mobile Weblog
- Web-Games
- Weblog-Tagebuch
- Link-Roboter I und II/
- Link-Wizard
- Credit-Card Wizard
- Dia-Show
- Digitale Postkarte
- Passwortschutz
- Banner-Manager
- Banner-Rotation
- E-Shop
- Site-Explorer
- Kleinanzeigen

Sollen die FTP Zugänge deaktiviert werden, funktioniert dies über **Aufklappen** + und deaktivieren.

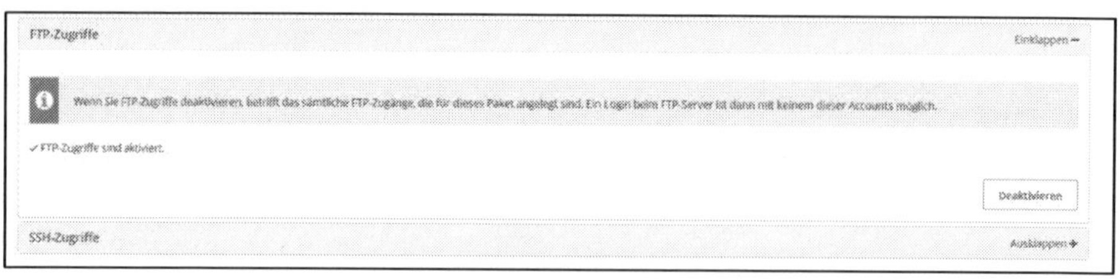

Quelle: Strato

Bei SSH Zugriffe ist die Vorgehendweise identisch, **Aufklappen** + und deaktivieren.

Quelle: Strato

Wenn Ihre Webseite oder Blog aktuell „fertig“ ist und keine weiteren Änderungen geplant sind oder bevor stehen, kann es eine gute Idee sein, die FTP und SSH Zugriffe zu deaktivieren. Dadurch gewinnt ein kleines Stück an Sicherheit dazu. Natürlich können bzw. müssen Sie sich bei zukünftigen Änderungen dann zunächst bei Ihren Hosting Anbieter einloggen und dort die Zugriffe wieder aktiveren.

Nutzen Sie generell kein SSH dann können Sie dies getrost deaktivieren und werden keine Veränderung merken und nichts vermissen. Zukünftig sind dann keine SSH Zugriffe mehr möglich bis Sie dies wieder ändern. Da Sie sich ohne hin per SFTP (verschlüsselt) über einen FTP Client auf Ihr Webspace anmelden und aufschalten sollten, können Sie SSH gerne aus den Augen lassen.

Löschen verräterischer Dateien

Löschen Sie im Root Verzeichnis, bei Ihrem Hosting Anbieter, auf das Sie per (S)FTP über einen FTP Client wie. z.B. FileZilla zugreifen können, die Dateien **Readme.txt** und **License.txt** Ihrer Wordpress Installation. Die Dateien brauchen Sie im Betrieb nicht, da diese aber wichtige Informationen für mögliche Angreifer, wie z.B. die verwendete Wordpress Version etc. enthalten, stellen sie ein Sicherheitsrisiko dar und sollten gelöscht werden.

NoGo`s auf dem Webspace

Legen Sie auf Ihrem Webspace, in Ihrem Root Verzeichnis, (bei Ihrem Hosting Anbieter, auf das Sie per (S)FTP über einen FTP Client wie. z.B. FileZilla zugreifen können,) wo die Wordpress Installation liegt, niemals sensible Dateien wie Passwörter ab.

Zugriff auf wichtige Dateien verweigern

Wie der Titel schon sagt sollte der Zugriff auf wichtige Daten verweigert werden. Dazu zählen die .htaccess, .htpasswd, wp-config.php und falls noch nicht gelöscht die liesmich.txt, License.txt und readme.html. Dies lässt sich durch etwas Code in der .htaccess Datei umsetzen.

In .htaccess eintragen.

```
# Zugriff auf wichtige Daten verweigern
<FilesMatch "(\.htaccess|\.htpasswd|wp-config\.php|liesmich\.html|readme\.html\
License.txt)">
order deny,allow
deny from all
</FilesMatch>
```

Man könnte auch alle Dateien einzeln, nach folgendem Schema schützen. Dazu trägt man in der ersten Codezeile nach dem Kommentar hinter < Files XXXX.XX > ein. XXXX steht hier als Platzhalter für den Dateinamen gefolgt durch einen Punkt und weitere XXX, welche ebenfalls als Platzhalter für die Dateiendung / Typ wie z.B. php, html oder txt etc. stehen.

In .htaccess eintragen.

```
# Zugriff auf wichtige Daten einzeln verweigern
<Files wp-config.php>
Order allow,deny
deny from all
</FilesMatch>
```

Die Datei .htaccess finden Sie in Ihrem Root Verzeichnis der Wordpress Installation, bei Ihrem Hosting Anbieter, auf das Sie per (S)FTP über einen FTP Client wie. z.B. FileZilla zugreifen können. Darüber im Kapitel Wordpress Schnellstart und unter .htaccess anlegen mehr.

Verzeichnisstruktur schützen - Directory Browsing disable

Damit Angreifer nicht seelenruhig Ihre Verzeichnisstruktur in Augenschein nehmen und nach Schwachstellen suchen, sollte diese unbedingt vor Einsicht unberechtigter geschützt werden. Ob diese bei Ihnen einsehbar ist prüfen Sie in dem Sie folgendes hinter Ihre URL eingeben.

http://www.IhreWebsite.de**/wp-content/uploads/**

Erscheint nun Ihre Verzeichnisstruktur besteht dringend Handlungsbedarf. Tragen Sie folgenden Code in die .htaccess ein.

In .htaccess eintragen unter `# END WordPress`

```
#Verzeichnisstruktur schuetzen
Options All -Indexes
```

Die Datei .htaccess finden Sie in Ihrem Root Verzeichnis der Wordpress Installation, bei Ihrem Hosting Anbieter, auf das Sie per (S)FTP über einen FTP Client wie. z.B. FileZilla zugreifen können. Darüber im Kapitel Wordpress Schnellstart und unter .htaccess anlegen mehr.

Jetzt sollte der Zugriff nicht mehr möglich sein und bei erneuter Eingabe Ihrer Adresse http://www.IhreWebsite.de**/wp-content/uploads** müsste eine 404 Seite zum Vorschein kommen.

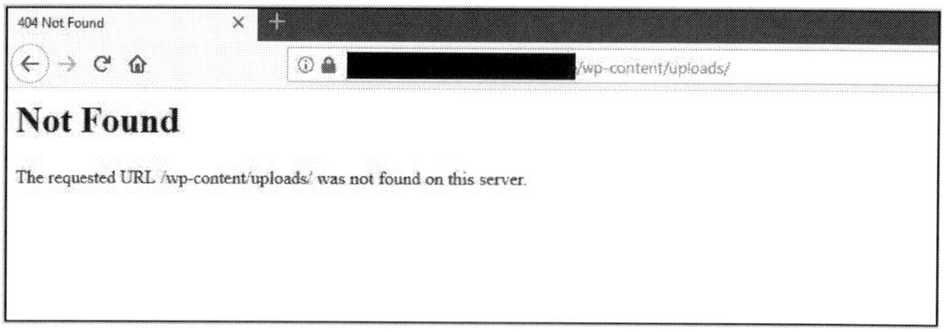

Authentification Unique Keys

In der wp-config.php liegen verschiedene Sicherheitsschlüssel, je ein Schlüssel für eine „Anwendung bzw. einen Prozess“, nachfolgend namentlich aufgeführt.

```
'AUTH_KEY'
'SECURE_AUTH_KEY'
'LOGGED_IN_KEY'
'NONCE_KEY'
'AUTH_SALT
'SECURE_AUTH_SALT'
'LOGGED_IN_SALT'
'NONCE_SALT'
```

Diese dienen unter anderem der Sicherheit beim Login Prozess, in das Wordpress Backend, in dem verschiedene Informationen mittels Cookies, im genutzten Browser zwischengespeichert werden. Die in den Cookies abgelegten Informationen sind wiederum durch die Sicherheitsschlüssel verschlüsselt, dass eine Manipulation erschwert wird. (Daher muss diese Datei auch vor fremden Zugriff geschützt werden. Haben dritte Personen Zugriff auf Ihre wp-config.php, so haben diese quasi Zugang zu Ihrer Wordpress Installation. Zum schützen dieser Datei unter **„Sensible PHP Dateien schützen und blockieren“** mehr.)

```
/**#@+
 * Sicherheitsschlüssel
 *
 * Andere jeden untenstehenden Platzhaltertext in eine beliebige,
 * möglichst einmalig genutzte Zeichenkette.
 * Auf der Seite {@link https://api.wordpress.org/secret-key/1.1/salt/ WordPress.org secret-key service}
 * kannst du dir alle Schlüssel generieren lassen.
 * Du kannst die Schlüssel jederzeit wieder ändern, alle angemeldeten
 * Benutzer müssen sich danach erneut anmelden.
 *
 * @since 2.6.0
 */
define('AUTH_KEY',         '5;Khw^j,h4W`6|Q]?RJG!i@}Js)R-Gnvu?b!Y9gBZlmT|9TK0hB2+ZwEiF IFEh(');
define('SECURE_AUTH_KEY',  '8Y.C}V~V[+K$rEWA;76t9sN -hEu=_;,[4VOGMv4x=~kjn|-;z>8b4IC:?jvH9Ej');
define('LOGGED_IN_KEY',    ',A}`fr0YT9.).9uU/M*bHP6o0d&BxrQc|i9K-tT&oH0Ila4:%zXklOg-sYm<<|nD');
define('NONCE_KEY',        '[m_I+snyU)1MU7q%64=c||e<.KC*ihVuu:-M zb9/8=uy(^+O+h.@--W|9q5AW8g');
define('AUTH_SALT',        'A:rA`gk]C:VW9.Y7*41NaC[r7%55w2yM2oW#pTO!.M-/i#I-W0WUY@*&s`Le}Z*S');
define('SECURE_AUTH_SALT', 'z8-(3*R210*Tec0zlaZ5SsKB.Qk~e]hIYust}3VX:6kuu!TM@+)WY+daeTr9hhh|');
define('LOGGED_IN_SALT',   '98QT|`oQ/3-!8gG-TVe$?c[G1fUM2+rP2=@]$|DvH5x9zb 25pi8#b{RnNa*Ie]J');
define('NONCE_SALT',       'rYEmvOt15J?;|s;WM&5K /o_[YBv}8_z]Q|DG56DeA!;wD7=3$E:3#sB@&-(b-;q');
```

Abb. Sicherheitsschlüssel in der wp-config.php

Öffnen Sie Ihre wp-config.php Datei mit einem einfachen Texteditor oder mit Notepad++. Scrollen Sie bis an die Stelle, die ähnlich der Abb. Sicherheitsschlüssel in der wp-config.php aussieht. Dies dürfte in der Regel zwischen der Zeile 70 – 90 sein. Dort müssen die Sicherheitsschlüssel ersetzt werden. Dafür ändern Sie die Schlüssel entweder von Hand oder Sie kopieren einen zufällig generierten Schlüssel von dem Wordpress Dienst https://api.wordpress.org/secret-key/1.1/salt/ in Ihre Datei.

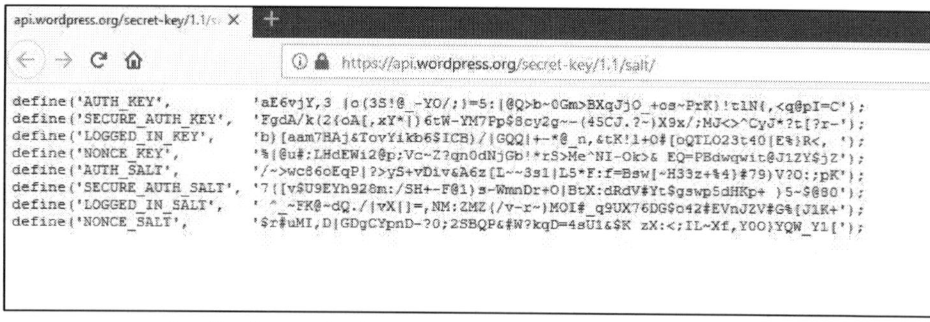

Quelle: https://api.wordpress.org/secret-key/1.1/salt/

Dazu rufen Sie die Internetseite https://api.wordpress.org/secret-key/1.1/salt/ auf und klicken einfach in den erzeugten Code, markieren alles und kopieren den Text dann. Die zufällig erstellen Codes werden von Wordpress selbst bereitgestellt und ändern sich bei jedem neuen laden der Seite. Sind die neuen Sicherheitscodes an der entsprechenden Stelle in der wp-config.php Datei rein kopiert, speichern Sie diese und laden Sie in Ihr Root Verzeichnis, der Wordpress Installation, mittels (S)FTP Client hoch.

Die Datei wp-config.php finden Sie in Ihrem Root Verzeichnis der Wordpress Installation, bei Ihrem Hosting Anbieter, auf das Sie per (S)FTP über einen FTP Client wie. z.B. FileZilla zugreifen können.

Serverfiles

Je nach Hosting Anbieter hat man bei guten Webhosting Tarifen die Möglichkeit, sich die eigenen Serverfiles anzusehen bzw. nach Belieben einzusehen und sich diese in einem bestimmten Intervall per E-Mail zuschicken zu lassen. So kann man diese täglich kurz vom Handy aus überfliegen und feststellen, ob jemand unbefugtes Zugriff auf Ihren Webspace hat oder unerlaubte Änderungen durch dritte evtl. Mitarbeiter oder Plug-Ins, Themes etc. vorgenommen wurden.

Nicht jede Aktivität ist automatisch schädlich. Gerade bei Webseiten welche man mit Plug-Ins buffert und im Cache vorlädt, das die Seite schneller für die eigenen Besucher aufzurufen sind, sind automatische Zugriffe auf dem Webspace normal. Irgendwo muss ja Zwischengespeichert werden.

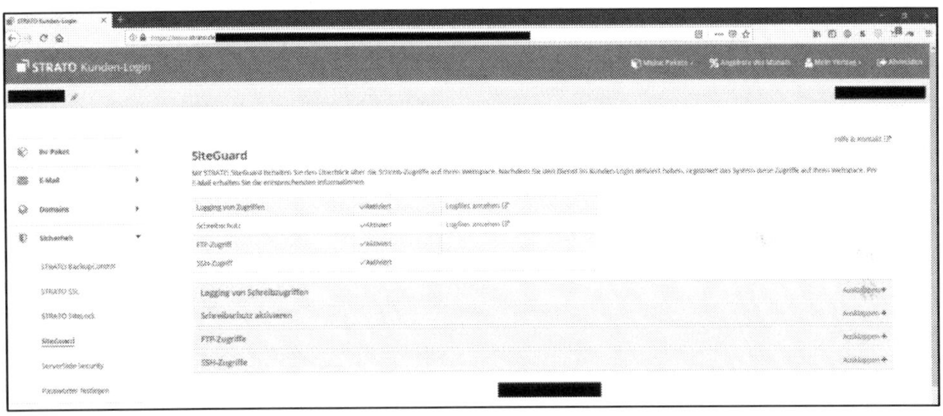

Quelle: Strato

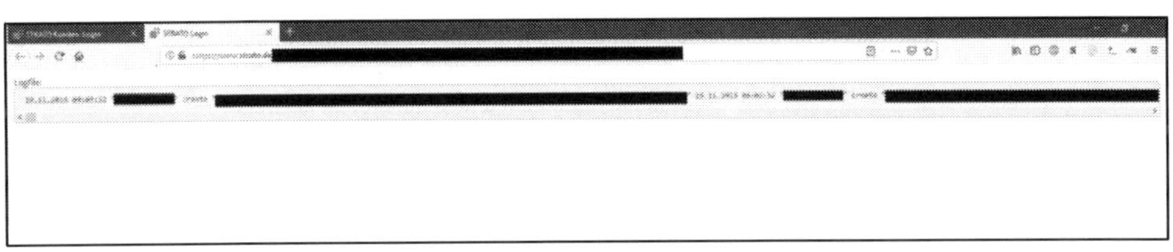
Quelle: Strato

Unter Strato findet man die Serverfiles im Bereich Sicherheit unter SideGuard, falls dieser konfiguriert und aktiviert wurde.

Code Snippes, Code Schnipsel oder Fragmente

Code Schnipsel, welche ein paar Zeilen Code in PHP, MySQL, JS, diverse Server-Anweisungen oder ganze Skripte aber auch Pseudocode wie HTML, CSS usw. bereithalten sind mit Vorsicht zu genießen. Gerade wenn man selbst keine Ahnung davon hat und diese aus unseriösen Quellen des Internet kopiert oder downloadet. Die Versprechen sind immer gleich, bei dem Code soll es immer nur um Sicherheit oder Performance –Optimierungen gehen, ob das auch stimmt ist meistens fraglich. Gerade weil man diesen Code in wichtige Konfigurationsdateien wie die .htaccess, funktions.php etc. eintragen muss setzt man sich somit sehr großen Gefahren aus. Im Zweifel speist man so selbst unbemerkt Schadcode oder Hintertüren ein.

Daher mein Tipp, meiden Sie unsicheren Code und Bezugsquellen. Wenn Sie Code aus dem Internet oder sonstigen Quellen einsetzen möchten und diesen selbst nicht verstehen, suchen Sie nach weiteren Quellen und demselben Code. Handelt es sich um brauchbaren Code, wird er mit sehr großer Wahrscheinlichkeit, in sehr vielen ähnlichen Varianten oder sogar als 1 zu 1 Kopie auf unzähligen Webseiten, Blogs und Foren oder Social Media Gruppen zu finden sein. Ist dies der Fall, ist es schon mal ein gutes Zeichen, da schädlicher und fehlerhafter Code in der Regel schnell auffällt und dann genauso schnell wieder in der Versenkung verschwindet. Idealerweise kennen Sie aber jemanden der Ahnung von der Thematik hat und einmal drüber schaut. Aber auch wenn das nicht der Fall ist können Sie sich selbst weiterhelfen.

So können Sie um ganz auf Nummer sicher zu gehen den Code erst in einer sicheren Testumgebung, einer sogenannten Sand Box oder Sandkasten testen. Dazu können Sie mit VirtualBox eine virtuelle Maschine (VM), einen virtuellen Computer, auf Ihrem physikalischen Computer installieren, diverse Hardware emulieren und die VM so konfigurieren, dass von dort nichts nach außen dringen kann. So können Sie auf dem virtuellen Computer, Wordpress lokal mit Hilfe von XAMPP installieren und den vermeintlich unsicheren Code in kontrollierter Umgebung testen. Das Ganze ist wohlgemerkt etwas zeitintensiv aber immerhin besser, als eine komplette Webseite, inkl. Datenbank und sämtlicher Daten auf Ihrem Webspace zu zerschießen, sowie unwiederbringlich zu verlieren. Beide Programme und Bezugsquellen werden im Kapitel „Nützliche Programme“ aufgeführt.

Hotlinking

Hotlinking ist das gezielte entführen von Bildern und oder Bildschirminhalten auf Ihrer Webseite. Dazu lesen potenziellen Diebe, jeweils die Bildadressen, also den genauen Speicherpfad eines Bildes oder Grafik auf Ihrem Server / Webspace aus und verlinken diesen Pfad, auf Ihren eigenen Webseiten. Das führt zwar nicht dazu, dass Ihr Bild verschwindet oder nicht mehr angezeigt wird aber dazu, dass durch Aufrufe von Usern, welche die Webseiten der Diebe aufrufen, diese damit auch automatisch Ihr Bild, von Ihrem Server laden müssen, da dieses bei den Dieben z.B. in Artikeln verlinkt ist. Dies führt unweigerlich zu Serveraktivitäten und Nutzlasten auf diesem.

Hotlinking stellt zwar nicht direkt ein Sicherheitsproblem dar, dennoch kann es sehr viel Last auf Ihrem Server verursachen. Ist die Serverlast zu hoch oder sogar ausgelastet, ladet Ihre Seite nur noch sehr spärlich oder lässt sich überhaupt nicht mehr aufrufen. Dies verärgert nicht nur potenzielle Leser, sondern vergrault diese auch. Nach neusten Erkenntnissen kann man davon ausgehen, dass Webseiten welche nicht innerhalb von 2 bis 5 Sekunden geladen sind, Ihre Leser diese unwiederbringlich verlassen und nie wieder kommen. Mit jeder Sekunde steigt daher die Absprungrate proportional. Damit verringert sich der Traffic, die Umsätze und der SEO Faktor. Dementsprechend sollte man dies sofort unterbinden, da niemand bei Ihnen zu schmarotzen hat, wie es leider bei den ganzen online Nutznießern üblich ist und an der Tagesordnung liegt.

Neben der Serverauslast könnte es außerdem zu rechtlichen Schwierigkeiten und finanziell sehr kostspieligen Abmahnungen kommen, bzgl. Vertragsbruchs oder wegen Urheberrechtsverletzungen. Nutzen Sie käuflich erworbene Lizenzen externer Bildportale wie fotolia, Adobe Stock Bilder etc., so wird dort meistens in der AGB deutlich ausgeführt, dass man die Bilder vor Kopiermaßnahmen zu schützen hat.

Man sollte aber unbedingt Aufnahmen definieren, weil wenn Google keine Bilder in der Google Bild Suche einbinden darf ist das aus SEO Sicht eine Katastrophe. Um Hotlinking einen Rigel vor zu schieben kopieren Sie folgenden **selbst angepassten** Code in Ihre .htaccess Datei.

In .htaccess eintragen, unter # END Wordpress.

```
# Hotlinking Schutz mit Ausnahme für Google etc.
<IfModule mod_rewrite.c>
RewriteEngine on
RewriteCond %{HTTP_REFERER} !^$
RewriteCond %{HTTP_REFERER} !^https://(www\.)?IHRE-DOMAIN\.de(/.*)?$ [NC]
RewriteCond %{HTTP_REFERER} !^https://www\.google\..*$ [NC]
RewriteCond %{HTTP_REFERER} !^https://www\.ask\..*$ [NC]
RewriteCond %{HTTP_REFERER} !^https://www\.yahoo\..*$ [NC]
RewriteCond %{HTTP_REFERER} !^https://www\.bing\..*$ [NC]
RewriteCond %{HTTP_REFERER} !^https://www\.facebook\..*$ [NC]
RewriteCond %{HTTP_REFERER} !^https://www\.WEITERE-AUSNAHMEN\..*$ [NC]
RewriteCond %{REQUEST_URI} !^.*ALTERNATIVES-BILD\.png$ [NC]
RewriteRule \.(gif|jpg|GIF|JPG|png|PNG)$ https://IHRE-DOMAIN.de/ ALTERNATIVES-BILD.png [R,L]
</ifModule>
```

Erstellen Sie ein **alternatives-bild.png** welches Sie anzeigen lassen wollen, wenn jemand Ihre Bilder per Hotlinking „stehlen" möchte, welches dann angezeigt wird, anstelle des verlinkten „gestohlenen" Bildes. Dies könnte Ihr Logo mit Domainname sein, was gute Werbung ist. Diese Bild laden Sie dann auf Ihrer Webseite hoch. Den Link zum Bild welcher dann in etwas so aussehen sollte **https://IHRE-DOMAIN.de/ALTERNATIVES-BILD.png** brauchen Sie um den Code anzupassen. Wenn Sie verschiedenen Seiten Ihre Bilder kopieren lassen wollen, z.B. wegen SEO etc. tragen Sie einfach unter **WEITERE-AUSNAHMEN** die entsprechende Seite ein. Diese Zeile:

```
RewriteCond %{HTTP_REFERER} !^https://www\.WEITERE-AUSNAHMEN\..*$ [NC]
```

kopieren Sie dann beliebig oft, bis alle Ausnahmen hinzugeführt sind.

Achtung:
Es kann sein, muss aber nicht, dass durch diesen Code auch Ihre Bilder nicht mehr oder nicht mehr richtig geladen werden, falls Sie diverse Front-End Page Builder Plugins nutzen. Front-End Page Builder Plugin sind z.B. Profit Builder, OptimizePress und ähnliche. Werden bei dritten Diensten, Anbieter oder Seiten Ihre Thums, Bilder etc. nicht mehr

angezeigt, müssen, Sie wie oben beschrieben unter **WEITERE-AUSNAHMEN** die entsprechende Seite, im Code der .htaccess ergänzen.

Die Datei .htaccess finden Sie in Ihrem Root Verzeichnis der Wordpress Installation, bei Ihrem Hosting Anbieter, auf das Sie per (S)FTP über einen FTP Client wie. z.B. FileZilla zugreifen können. Darüber im Kapitel Wordpress Schnellstart und unter .htaccess anlegen mehr.

Mein Tipp, setzten Sie einfach ein Wasserzeichen, Ihr eigenes Logo und die eigene Domainadresse in die Bilder und schon brauchen Sie sich keine Sorgen mehr, um Hotlinking, zu machen. Werden nun Bilder „entführt“ und auf fremden Seiten eingebunden, ist es super Werbung für Sie. Wer wissen möchte ob und wo die eigenen Bilder auftauchen oder eingebunden sind, können Sie schnell mit dem Google Chrome Internet-Browser herausfinden. Rufen Sie Ihre Webseite auf und klicken Sie auf eins Ihrer Bilder mit der rechten Maustaste, gefolgt von **„Mit Google nach Bild suchen“**.

Schutz vor XSS , Nosniff, Clickjacking

Um einen Schutz gegen Cross-Site-Scripting zu erreichen wird in .htaccess Datei folgender Code eingefügt.

In .htaccess schreiben

```
# Schutz vor XSS
<ifModule mod_headers.c>
Header set X-XSS-Protection "1; mode=block"
Header always append X-Frame-Options SAMEORIGIN
Header set X-Content-Type-Options: "nosniff”
</ifModule>
```

Die Datei .htaccess finden Sie in Ihrem Root Verzeichnis der Wordpress Installation, bei Ihrem Hosting Anbieter, auf das Sie per (S)FTP über einen FTP Client wie. z.B. FileZilla zugreifen können. Darüber im Kapitel Wordpress Schnellstart und unter .htaccess anlegen mehr.

Schutz vor Script Injections

Nicht nur die GET und POST Anfragen sollten geschützt werden, sondern auch die GLOBALS und _REQUEST Variablen. Durch die Register Globals werden durch Array Schlüssel verschiedene Variablen(namen) zur Verfügung gestellt, dadurch kann es bei Manipulationen zu gewollten Fehlinterpretationen und Datenkollisionen, durch PHP kommen. Um dies zu unterbinden, werden per .htaccess Datei, Script Injections und Versuche solche auszuführen geblockt. Dazu folgenden Code in die .htaccess schreiben.

In .htaccess schreiben

```
# Schutz vor Script Injections
Options +FollowSymLinks
RewriteEngine On
RewriteCond %{QUERY_STRING} (\<|%3C).*script.*(\>|%3E) [NC,OR]
RewriteCond %{QUERY_STRING} GLOBALS(=|\[|\%[0-9A-Z]{0,2}) [OR]
RewriteCond %{QUERY_STRING} _REQUEST(=|\[|\%[0-9A-Z]{0,2})
RewriteRule ^(.*)$ index.php [F,L]
```

Die Datei .htaccess finden Sie in Ihrem Root Verzeichnis der Wordpress Installation, bei Ihrem Hosting Anbieter, auf das Sie per (S)FTP über einen FTP Client wie. z.B. FileZilla zugreifen können. Darüber im Kapitel Wordpress Schnellstart und unter .htaccess anlegen mehr.

XST – Cross-Site-Tracing Angriffe vorbeugen

In .htaccess eintragen unter # End Wordpress.

```
# Schutz vor XST Cross site tracing Angriffe
<IfModule mod_rewrite.c>
  RewriteEngine On
  RewriteCond %{REQUEST_METHOD} ^TRACE
  RewriteRule .* - [F]
</IfModule>
```

Bad Queries

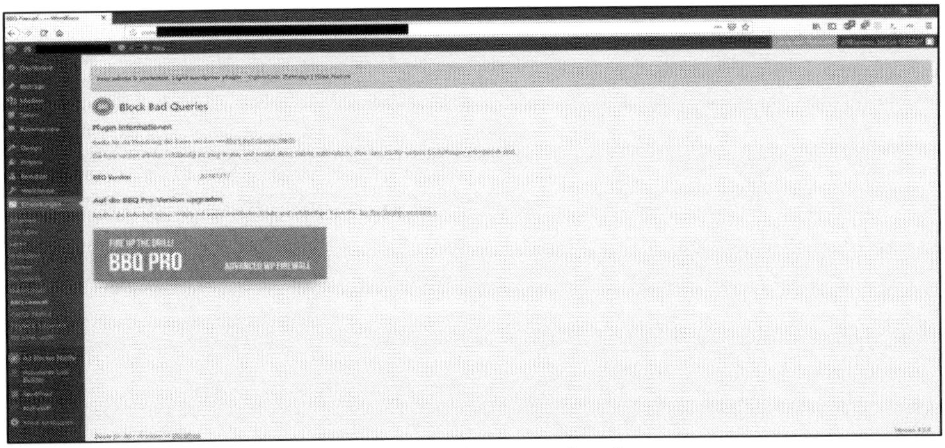

Quelle: Wordpress Backend

Bad Queries sind bösartige Serveranfragen, in dem hinter die URL ein /path/=?56%d46 etc. oder ähnlich gesetzt wird, um damit serverseitig Fehler zu provozieren, Sicherheitslücken aufzuspüren und oder diese auszunutzen. Dagegen kann man z.B. mit einer Black List in der .htaccess Vorgehen, in dem man solche unnötigen, nervigen Anfragen per negativer Liste verbietet. Dies ist aufwendig, da man die schwarze Liste stetig und ständig aktualisieren und pflegen muss. Einfacher geht es mit dem **Plugin Block Bad Queries**. Dieses Plugin wird ganz normal über das Wordpress Backend bezogen und unter Plugins aktiviert. Nach dem aktiveren müssen keine weiteren Einstellungen vorgenommen werden. Das Plugin gibt es auch als Pro Version mit mehr Funktionen und Infos ab 20$ pro Lizenz, Domain.

Feature	**Free**	**Pro**
Strong firewall security	✓	✓
Plug-n-play functionality	✓	✓
No configuration required	✓	✓
Works with SSL/HTTPS	✓	✓

Feature	Free	Pro
Works on any WP-capable server (e.g., Apache, Nginx, Windows)	✓	✓
.htaccess NOT required!	✓	✓
Works great with Blackhole Pro	✓	✓
Fully customizable firewall		✓
Advanced firewall security		✓
Quickly enable/disable rules		✓
Disable BBQ for logged-in users		✓
Block excessively long requests		✓
Redirect all blocked requests		✓
Display a custom message		✓
Set your own status code		✓
Complete inline documentation		✓
Statistics for blocked requests		✓
Tools to reset options and patterns		✓
Powered by 5G/6G Blacklist		✓
Add/edit/remove/disable any rules		✓
One-click pattern testing		✓
IP whitelisting		✓

Quelle: https://plugin-planet.com/bbq-pro/

WP-Include blockieren

Wenn Scripte nicht von Anwender abgerufen werden sollen, kann man dies per mod_rewrite in der .htaccess mit blockieren unterbinden. Dazu folgenden Code in die .htaccess schreiben.

In .htaccess schreiben

```
# Schutz vor wp includes
<IfModule mod_rewrite.c>
RewriteEngine On
RewriteBase /
RewriteRule ^wp-admin/includes/ - [F,L]
RewriteRule !^wp-includes/ - [S=3]
RewriteRule ^wp-includes/[^/]+\.php$ - [F,L]
RewriteRule ^wp-includes/js/tinymce/langs/.+\.php - [F,L]
RewriteRule ^wp-includes/theme-compat/ - [F,L]
</IfModule>
```

Die Datei .htaccess finden Sie in Ihrem Root Verzeichnis der Wordpress Installation, bei Ihrem Hosting Anbieter, auf das Sie per (S)FTP über einen FTP Client wie. z.B. FileZilla zugreifen können. Darüber im Kapitel Wordpress Schnellstart und unter .htaccess anlegen mehr.

Ip Geoblocking

Möchten Sie geografisch komplette Teile der Erde und User aus diesen Regionen auf Ihrer Webseite oder Blog ausschließen, können Sie dies mit dem Plugin **IP GEO BLOCK** tun. Es macht aber eigentlich keinen Sinn geografisch IP Adressen auszuschließen zu wollen. Da Angreifer ohnehin und mit sehr hoher Wahrscheinlichkeit über verschiedene Proxy Server agieren und so Ihre echte Herkunft verschleiern. So kann z.B. ein Angriff aus China über einen deutschen Proxy bzw. VPN stattfinden und so würde Ihre IP Sperre für China nichts bringen. Dank dem deutschen Proxy bzw. VPN hat der chinesische Angreifer eine deutsche IP Adresse und hat damit die geografisch Sperre ausgehebelt. Eine solche geografische Sperre könnte womöglich auch Nachteile im Bereich der SEO mit sich bringen und die eigenen Suchmaschinen Indexierung negativ beeinflussen.

Sinn würde eine solche geografische IP Sperre nur temporär machen, wenn Sie akut und massiv aus bestimmten Teilen der Erde angegriffen werden. Damit könnte man den Angriff unterbinden. Daher kann man sich dieses Plugin mal im Hinterkopf behalten.

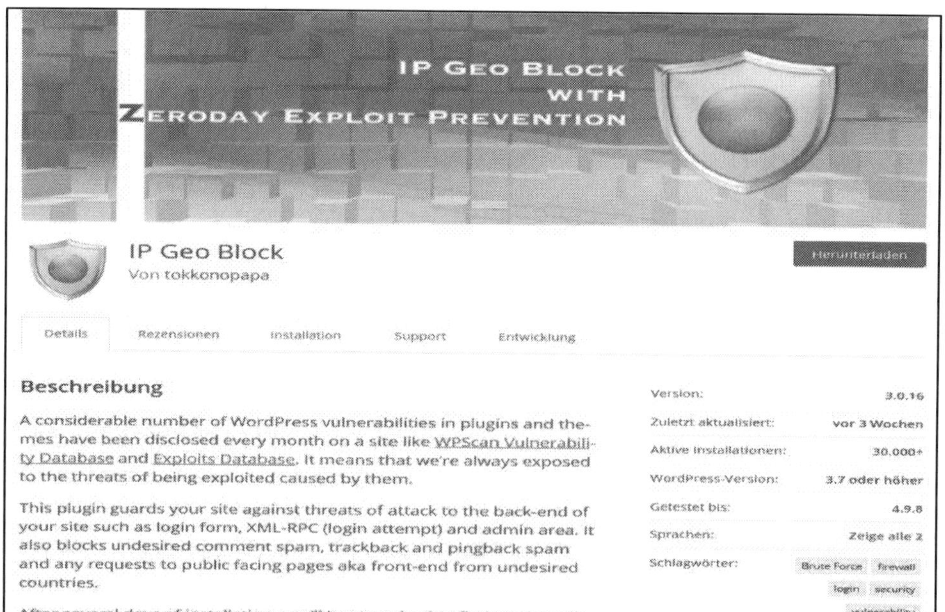

Quelle: https://de.wordpress.org/plugins/ip-geo-block/#description

User per IP blocken

Um penetrante User per IP zu blockieren, können Sie den folgenden Code in Ihrer .htaccess ergänzen. Denken Sie aber bitte daran, dass in der Regel alle 24 Stunden eine Zwangstrennung des Providers durchgeführt wird und so die durch Sie gesperrte IP Adresse, einer anderen Person zugeordnet wird. Auch wenn der gesperrte User sein Router selbst kurz ausschaltet, bekommt er eine neue IP Adresse zugeordnet und kann Sie mit dieser wieder nerven. Es ist also ein Katz und Maus Spiel, dennoch möchte ich Ihnen diese Möglichkeit nicht vorenthalten.

In dem Code besteht die Adresse aus folgendem Platzhalter xxx.xxx.xxx.xxx welchen Sie durch eine IP Adresse austauschen müssen. Aus xxx.xxx.xxx.xxx wird dann z.B. 157.178.157.278

In .htaccess eintragen

```
# User  per IP blocken
<Limit GET POST>
order allow,deny
deny from xxx.xxx.xxx.xxx
deny from xxx.xxx.xxx.xxx
allow from all
</Limit>
```

Die Datei .htaccess finden Sie in Ihrem Root Verzeichnis der Wordpress Installation, bei Ihrem Hosting Anbieter, auf das Sie per (S)FTP über einen FTP Client wie. z.B. FileZilla zugreifen können. Darüber im Kapitel Wordpress Schnellstart und unter .htaccess anlegen mehr.

JavaScript reduzieren –Widgets vermeiden

JavaScript gehört zu den größten Einfalltoren für Sicherheitslücken im Internet und sollte daher auch auf Ihrer Webseite und oder Blog sparsam eingesetzt werden. Gleiches gilt bei Widgets, speziell HTML5 und JS Widgets, von Drittanbieter können ein Problem darstellen. Integrieren Sie diesen Code als Widget auf Ihrer Webseite, passiert beim Abrufen Ihrer Seite durch einen Leser folgendes.

Der Leser ruft Ihre Seite ab, das Widgets wird geladen und nimmt gegeben falls eine Verbindung zu den Servern der Drittanbieter auf, was aus Sicht der Datenschutzgrundverordnung (DSGVO) problematisch sein kann. Das Ganze geht auch auf die Kosten der Performance, somit verlängert sich die Ladezeit der Webseite und das schlimmste, es könnte darüber Schadcode geladen werden. Mein Fazit ist daher, überlegen Sie sich ganz genau ob Sie unbedingt ein Widgets von Drittanbieter einbinden müssen oder ob die gewünschte Funktion nicht verzichtbar oder anders umsetzbar ist.

Firewall / Security Suite Plugins

Sie dürfen niemals Security Suite Plugins mit einer Firewall vergleichen oder verwechseln. Dies sind in der Regel völlig verschiede Dinge. All die zahlreichen Security Suiten für Wordpress sind nur ein Zusammenschluss von diversen, verschiedenen Sicherheitsfunktionen, Einstellungen und Scannern, darunter bieten wenige dieser Plugins, in der kostenpflichtigen Pro Version eine Firewall Funktion an. Eine echte alleinstehende Firewall dagegen, siebt schon vor dem ersten betreten der Webseite potenziell gefährliche und penetrante User bzw. Anfragen aus und wird vor Ihre Wordpress Webseite geschaltet. Mir sind hier nur kostenpflichtige Firewalls bekannt. Wenn Sie eine Firewall inkl. mächtiger Security Suite möchten schauen Sie sich **Wordfence Security – Firewall & Malware Scan** in der Premium Lizenz Version für 99$ jährlich pro Domain an. Eine schlanke eigenständige Firewall mit den wesentlichsten Funktionen bekommen Sie mit der **NinjaFirewall (WP Edition)** bzw. **(Pro+ Edition)** Lizenz für 39$ jährlich pro Domain.

Firewall / Blacklist als .htaccess Version

Eine sehr gute Alternative und noch dazu kostenlose Firewall ist die 6G Firewall, welche den legendären Code der 5G Firewall von Jeff Starr übernommen hat. Die 6G Firewall https://perishablepress.com/6g/ wird einfach per Code in die eigene .htaccess kopiert und das war es schon. Am Ende sollte nur noch eine IP Bannliste (z.B. https://ip-bannliste.de/aktuelle-bannliste.html) ergänzt werden. Dazu die Liste unter Punkt `#6G:[BAD IPS] Deny from (ohne #) 123.456.789` setzen.

In .htaccess eintragen.

```
Den  Code finden Sie frei zugänglich unter dem Link:
https://perishablepress.com/6g/
```

Die Datei .htaccess finden Sie in Ihrem Root Verzeichnis der Wordpress Installation, bei Ihrem Hosting Anbieter, auf das Sie per (S)FTP über einen FTP Client wie. z.B. FileZilla zugreifen können. Darüber im Kapitel Wordpress Schnellstart und unter .htaccess anlegen mehr.

Eine Warnung bezüglich IP Bannlisten

Ich persönlich würde IP Adressen in diesen Listen nur ausschließen, wenn ich mir ziemlich sicher wäre, dass es sich auch wirklich um „bösartige IPs“ handelt. Dafür müsste man aber die Bannlisten genau durchgehen und jede unbekannte IP genau recherchieren. Bei tausenden IP wäre dies alles andere als ein schöner Zeitvertreib. Wer dagegen auf die Listen vertraut und diese ungeprüft einbindet geht ein enormes SEO (Suchmaschinenoptimierung) Risiko ein. Wer Google so versehentlich bannt, hat bald keine Freunde mehr im Internet. Daher sollten Sie sich zweimal überlegen ob Sie solche Listen einbinden.

Was dagegen Sinn macht, ist eine eigene IP Bannliste zu nutzen, mit IPs die bei Ihnen negativ in Erscheinung getreten sind. Es gilt also zwischen Sicherheit und SEO abzuwägen.

Quelle: https://ip-bannliste.de/aktuelle-bannliste.html

Google Alarm – Google Alerts

Die Welt der Technik und gerade was die Aktualität von Programmen, Plug-Ins, Sicherheitslücken, Scripts, Exploits, Backdoors etc. im Internet angeht, ist sehr schnelllebig. Damit Sie immer Up-to-Date sind empfiehlt es sich einen Google Account anzulegen und dort einen Google Alarm, unter https://www.google.de/alerts mit den Schlagworten **Wordpress Sicherheit**, **Wordpress Sicherheitslücken**, **Wordpress Bugs**, **Wordpress Security** etc. anzulegen. So werden Sie immer sofort informiert, sollten Artikel oder Meldungen mit den eingegeben Schlagworten veröffentlicht werden. So verpassen Sie nichts mehr und können gegebenenfalls soft auf mögliche neue bekanntgewordene Lücken oder Fehler in Wordpress Installationen regieren, bevor Schaden angerichtet wurde oder werden kann.

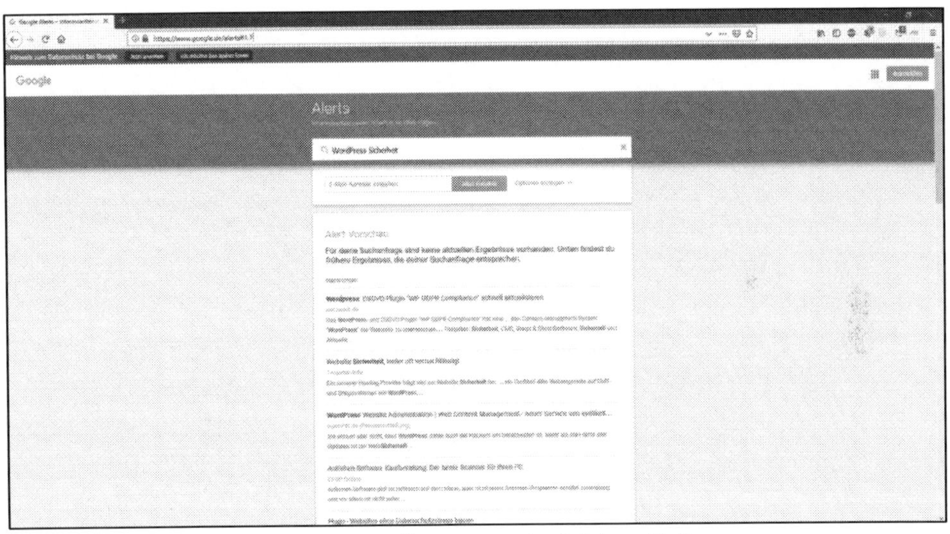

Quelle: https://www.google.de/alerts#1:7

Blackhole for Bad Bots

Das **Plugin Blackhole for Bad Bots** ist ein Honigtopf, in der IT Security auch als Honeypot bezeichnet und ist nichts anderes als eine Falle für böse Bots. Das Plugin erstellt einen nicht sichtbaren Link auf Ihrer Webseite oder Blog und verbietet für Bots, per robots.txt, den Zugriff auf diesen Link. Ignoriert ein Bots diese Anweisung der robots.txt wird er beim Klicken sofort erfasst und geblockt. Good Bots wie Google und Co werden nicht geblockt und können machen was Sie möchten. Alles andere wäre vom SEO Standpunkt (Suchmaschinenoptimierung) auch sehr suboptimal. Hierfür muss eine robots.txt angelegt sein, wie im Buch beschrieben. Das Plugin gibt es auch als Pro Version mit mehr Funktionen und Infos.

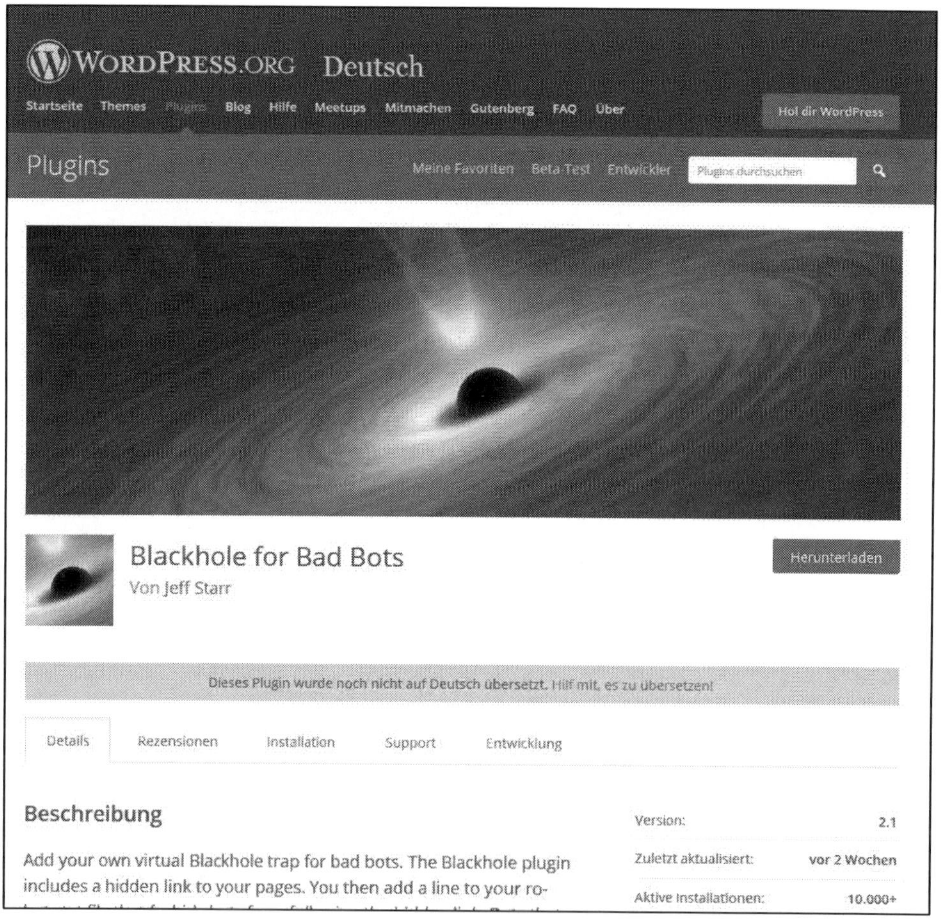

Quelle: https://de.wordpress.org/plugins/blackhole-bad-bots/

Es könnte evtl. auch Sinn machen, wenn Sie gleich vorab, einen großen Teil bekannter Bad Bots oder aggressiver Bots per .htaccess ausschließen. Dazu können Sie sich im Internet diverser Listen wie z.B. unter https://ip-bannliste.de/websicherheit/bad-bots.html bedienen. Natürlich kann in solchen Listen auch mal ein guter Bot sein, was sich dann eher negativ auf die SEO (Suchmaschinenoptimierung) auswirkt.

Auch hier würde ich persönlich besagte Bots nur ausschließen, wenn ich mir ziemlich sicher wäre, dass es sich auch wirklich um nervige und bösartige Bots handelt. Dafür müsste man aber die Bannlisten genau durchgehen und jeden unbekannten Bot genau recherchieren. Bei hunderten Bots wäre dies alles andere als ein schöner Zeitvertreib. Wer dagegen auf die Listen vertraut und diese ungeprüft einbindet geht ein enormes SEO Risiko ein.

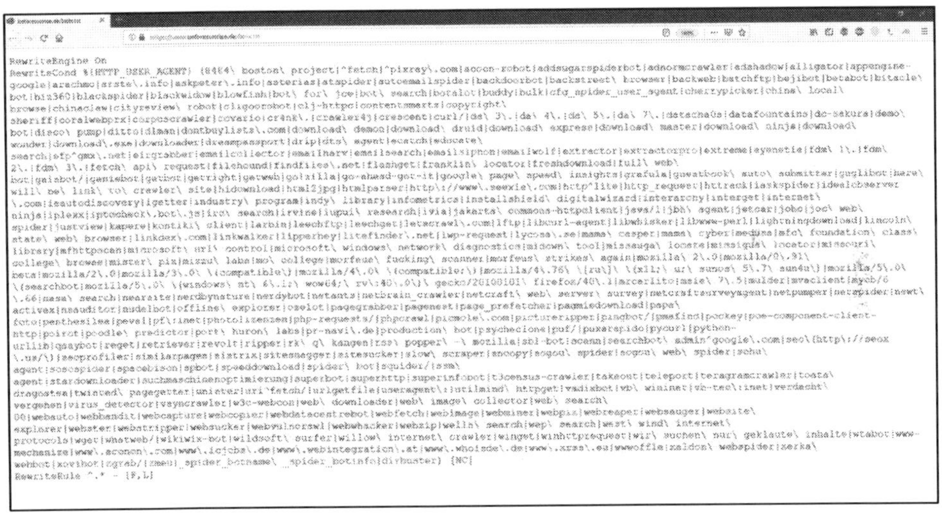

```
RewriteEngine On
RewriteCond %{HTTP_USER_AGENT} (8484\ boston\ project|^fetch|^pixray\.com|acoon-robot|addsugarspiderbot|adnormcrawler|adshadow|alligator|appengine-
google|arachmo|arste\.info|askpeter\.info|asterias|atspider|autoemailspider|backdoorbot|backstreet\ browser|backweb|batchftp|bejibot|betabot|bitacle\
bot|biz360|blackspider|blackwidow|blowfish|bot\ for\ jce|bot\ search|botalot|buddy|bulk|cfg_spider_user_agent|cherrypicker|china\ local\
browse|chinaclaw|cityreview\ robot|cligoorobot|clj-http|contentsmartz|copyright\
sheriff|coralwebprx|corpuscrawler|covario|cr4nk\.|crawler4j|crescent|curl/|da\ 3\.|da\ 4\.|da\ 5\.|da\ 7\.|datacha0s|datafountains|dc-sakura|demo\
bot|disco\ pump|ditto|dlman|dontbuylists\.com|download\ demon|download\ druid|download\ express|download\ master|download\ ninja|download\
wonder|download\.exe|downloader|dreampassport|drip|dts\ agent|ecatch|educate\
search|efp^gmx\.net|eirgrabber|emailcollector|emailharv|emailsearch|emailsiphon|emailwolf|extractor|extractorpro|extreme|eyenetie|fdm\ 1\.|fdm\
2\.|fdm\ 3\.|fetch\ api\ request|filehound|findfiles\.net|flashget|franklin\ locator|freshdownload|full\ web\
bot|gaisbot/|geniebot|getbot|getright|getweb|go!zilla|go-ahead-got-it|google\ page\ speed\ insights|grafula|guestbook\ auto\ submitter|guglibot|here\
will\ be\ link\ to\ crawler\ site|hidownload|html2jpg|htmlparser|http\:/www\.seexie\.com|http^lite|http_request|httrack|iaskspider|idealobserver
\.com|isautodiscovery|igetter|industry\ program|indy\ library|infometrics|installshield\ digitalwizard|interarchy|interget|internet\
ninja|iplexx|iptocheck\.bot\.js|irc\ search|irvine|iupui\ research|ivia|jakarta\ commons-httpclient|java/1|jbh\ agent|jetcar|joho|joc\ web\
spider|justview|kapere|kontiki\ client|larbin|leechftp|leechget|letscrawl\.com|lftp|libcurl-agent|libwhisker|libwww-perl|lightningdownload|lincoln\
state\ web\ browser|linkdex\.com|linkwalker|lipperhey|litefinder\.net|lwp-request|lycos\.se|mama\ casper|mama\ cyber|medusa|mfc\ foundation\ class\
library|mfhttpscan|microsoft\ url\ control|microsoft\ windows\ network\ diagnostics|midown\ tool|missauga\ locate|missigua\ locator|missouri\
college\ browse|mister\ pix|mizzu\ labs|mo\ college|morfeus\ fucking\ scanner|morfeus\ strikes\ again|mozilla\ 2\.0|mozilla/0\.91\
beta|mozilla/2\.0|mozilla/3\.0\ \(compatible\)|mozilla/4\.0\ \(compatible;\)|mozilla/4\.76\ \[ru\]\ \(x11;\ u;\ sunos\ 5\.7\ sun4u\)|mozilla/5\.0\
\(searchbot|mozilla/5\.0\ \(windows\ nt\ 6\.1;\ wow64;\ rv\:40\.0\)\ gecko/20100101\ firefox/40\.1|mrcerlito|msie\ 7\.5|mulder|mvaclient|myob/6
\.66|nasa\ search|nearsite|nerdbynature|nerdybot|netants|netbrain_crawler|netcraft\ web\ server\ survey|netcraftsurveyagent|netpumper|netspider|newt\
activex|nsauditor|nudelbot|offline\ explorer|ozelot|pagegrabber|pagenest|page_prefetcher|pagmiedownload|papa\
foto|penthesilea|pevel|pf\:inet|photolizenzen|php-requests/|phpcrawl|picmole\.com|pictureripper|pingbot/|pmafind|pockey|poe-component-client-
http|poirot|poodle\ predictor|port\ huron\ labs|pr-navi\.de|production\ bot|psychecione|puf/|puxarapido|pycurl|python-
urllib|qsaybot|reget|retriever|revolt|ripper|rk\ q\ kangen|rss\ popper\ -\ mozilla|sbl-bot|scann|searchbot\ admin^google\.com|seo\(http\://seox
\.us/\)|seoprofiler|similarpages|sistrix|sitesnagger|sitesucker|slow\ scraper|snoopy|sogou\ spider|sogou\ web\ spider|sohu\
agent|sosospider|spacebison|spbot|speeddownload|spider\ bot|squider/|ssm\
agent|stardownloader|suchmaschinenoptimierung|superbot|superhttp|superinfobot|t3census-crawler|takeout|teleport|teragramcrawler|toata\
dragostea|twisted\ pagegetter|unister|uri^fetch/|urlgetfile|useragent\:|utilmind\ httpget|vadixbot|vb\ wininet|vb-tec\:inet|verdacht\
vergehen|virus_detector|vayncrawler|w3c-webcon|web\ downloader|web\ image\ collector|web\ search\
00|webauto|webbandit|webcapture|webcopier|webdatacentrebot|webfetch|webimage|webminer|webpix|webreaper|websauger|website\
explorer|webster|webstripper|websucker|webvulncrawl|webwhacker|webzip|wells\ search|wep\ search|west\ wind\ internet\
protocols|wget|whatweb/|wikiwix-bot|wildsoft\ surfer|willow\ internet\ crawler|winget|winhttprequest|wir\ suchen\ nur\ geklaute\ inhalte|wtabot|www-
mechanize|www\.aconon\.com|www\.icjobs\.de|www\.webintegration\.at|www\.whoisde\.de|www\.xrss\.es|wwwoffle|xaldon\ webspider|xerka\
webbot|xovibot|zgrab/|zmeu|_spider_botname\ _spider_botinfo|dirbuster) [NC]
RewriteRule ^.* - [F,L]
```

Quelle: https://www.beforesunrise.de/bots.txt

Wenn Sie das **Plugin Blackhole for Bad Bots** nutzen, ist Ihre Internetpräsenz schon mal sicherer und diese zusätzliche Maßnahme nur die Kür und nicht unbedingt nötig.

Rechtlich auf der sicheren Seite

Wichtige Hinweise zu diesem Kapitel

Wie bereits im Haftungsausschluss erwähnt, handelt es sich bei dem Buch und insbesondere bei dem nachfolgen Kapitel, um keine professionelle rechtsbindende, verbindliche oder sonstige in irgendeiner Form bestehende Rechtsberatung, juristische Beratung, Betreuung, Empfehlung oder ähnliches. Ich bin kein Anwalt, es handelt sich hier lediglich um persönliche Erfahrungswerte der letzten Jahre, welche ich weiter gebe. Was Sie draus machen liegt nicht in meiner Hand und in Ihrer Verantwortung. Ich schließe sämtliche Gewährleistung und Haftung aus. Ich fordere niemand auf folgende Punkte, wie hier beschrieben umzusetzen, und empfehle Ihnen für verbindliche Auskünfte, die professionelle Hilfe eines Juristen in Anspruch zu nehmen. Fehler vorbehalten, keine Gewährleistung, nicht abschließende Auflistung.

Abmahnungen, das Grauen mittelloser Anwälte

Dank dem Internet können mittellose Anwälte aufatmen und verdienen sich ein goldenes Näschen. Es hat sich mittlerweile ein ganzer Industriezweig und Markt rund um Abmahnungen, dank sehr lukrativen Massenabmahnungen im Internet gebildet. Auch ich wurde schon Opfer einer solchen bodenlosen Frechheit, treffend eher Abzocke. Weil ich es damals einfach noch nicht besser wusste und mir keiner sagte wie ich mich dagegen schützen konnte. Heute weiß ich es besser. Dank eigener Recherche und meinen Anwälten bin ich sehr gut informiert und aufgestellt.

Das lukrative Geschäft mit den Abmahnungen funktioniert wie folgt. Eine Gruppe von Leuten beschäftigt sich den ganzen Tag damit im Internet auf tausenden Webseiten und Blogs, um dort nach dem einem Haar in der Suppe zu suchen. Das Haar in der Suppe steht hier symbolisch für kleinste Fehler und Verstöße, auf den durchsuchten Webseiten und Blogs. So kann ein Bild ohne Urheberkennung schnell mal mehrere hundert bis tausend Euro kosten, ein fehlendes oder fehlerhaftes Impressum ebenfalls. Aber auch Fehler in der Datenschutzerklärung, keine Hinweise auf Cookies und vieles mehr kann für Sie richtig teuer werden. Dies gilt es vorzubeugen.

Daher mein erster Tipp, schließen Sie mindestens eine, besser zwei Rechtsschutzversicherung ab. Diese sind schon ab 100 € pro Jahr zu bekommen und meiner Meinung essenziell wichtig für jeden der eine oder mehrere Webseite betreibt. Bedenkt man, dass nur ein einzelner Brief mit Erstberatung durch einen Anwalt, im Fall einer Abmahnung um die 150 – 200 € kostet, sind 100 € für eine Rechtsschutzversicherung pro Jahr, meiner Meinung absolut akzeptabel.

Wer Sie ganz auf Nummer sicher gehen möchten, können Sie auch zusätzlich, bei einem der vielen Onlineanbieter Pakete für Rechtstexte mit Haftung, Kostenübernahme und Vertretung durch einen Anwalt bei Abmahnungen an diesen Texten, für Ihre eigene Webseite buchen. Dadurch sind Sie immer Up-to-Date was neue Gesetzte, Verordnungen sowie Bestimmungen angeht und sind dadurch abgesichert. Lediglich die Texte sind selbständig einzuführen und bei Benachrichtigung zu aktualisieren. Die Preise variieren hier stark von ca. 15€ bis 60€ pro Monat für eine Webseite, teilweise aber auch für 60€ pro Monat für eine unbegrenzte Anzahl Ihrer Webseiten.

Das Impressum

Laut Telemediengesetz gem. § 5 TMG Gesetzliche Anbieterkennung muss jeder der eine öffentliche nicht private Webseite betreibt ein Impressum haben, was eigentlich bedeutet jede Webseite. Das Impressum muss ersichtlich sein und laut Faustregel mit mindestens 2 Klicks erreichbar sein. Auch in den sozialen Medien ist ein Impressum Pflicht.

Wer keine Lust darauf hat seine Daten zu veröffentlichen kann sich bei einem Impressum Dienst gegen ein bestimmtes Endgeld oder Jahresgebühr eine Adresse „leihen". Dann tragen Sie im Impressum die Kontaktdaten des Impressumsdienst ein, welcher dann alle Anfragen an Sie weiterleitet. Die Preise hierfür liegen je nach Anbieter bei etwa 15 – 50 € pro Jahr und Webseite.

Folgendes muss in einem Impressum stehen.

Impressum Angaben gem. § 5 TMG Gesetzliche

- Name
- Bei gewerblicher Nutzung und Kleingewerbe die Bezeichnung, Name und Geschäftsform, Register und Kammereintrag
- Anschrift
- Telefonnummer
- Email Adresse
- Web Adresse
- Wenn vorhanden die Umsatzsteuer-Identifikationsnummer laut §27a Umsatzsteuergesetz – **Niemals die eigene Steuernummer!**
- Bei journalistischen redaktionellen Inhalten (Blog oder wachsende Webseite) ein Verantwortlicher für journalistisch redaktionelle Inhalte gem. § 55 II RstV mit Name, Anschrift, Telefonnummer und Email Adresse
- Ein Hinweis auf die Online-Streitbeilegung (OS) http://ec.europa.eu/consumers/odr als Onlinehändler
- Idealerweise verlinkt man die Datenschutzerklärung
- Je nach Berufsgruppe (Arzt, Anwalt etc.) die Aufsichtsbehörde und diverse Register

Im Internet finden Sie diverse Impressum-Generatoren kostenlos und kostenpflichtig. Meine Empfehlung dazu z.B. diesen (kostenlosen)

https://www.e-recht24.de/impressum-generator.html

Datenschutzerklärung – DSGVO

Jede Webseite braucht bzw. muss eine Datenschutzerklärung, welche der neuen DSGVO vom 25.05.2018 entspricht bereitstellen. Dazu nutzen Sie am besten einen Datenschutzerklärung-Generator. Meine Empfehlung dazu z.B. diesen (kostenlosen)

https://www.wbs-law.de/it-recht/datenschutzrecht/datenschutzerklaerung-generator/

Oft müssen diese durch den Nutzer eigenständig angepasst werden. Hierzu sollten Sie die DSGVO genau studieren. Sämtliche Vorgänge die in irgendeiner Art und Weise Daten verarbeiten, müssen genau aufgeschlüsselt und mit der passenden Stelle in der DSGVO begründet werden. Dazu findet man auch gute Lektüre. z.B. DSGVO für Website-Betreiber: Ihr Leitfaden für die sichere Umsetzung der EU-Datenschutz-Grundverordnung *Werbung

Haftungsausschluss

Ein Haftungsausschluss ist ebenso über einen Generator zu erstellen und einzubinden. Wie der Namen schon ahnen lässt wird hier die Haftung über oder für diverse Dinge ausgeschlossen. Meine Empfehlung dazu z.B. diesen (kostenlosen)

https://www.e-recht24.de/muster-disclaimer.html#a1

Copyright Angaben und Bildnachweis

Jedes Bild an dem Sie nicht der Urheber sind muss laut Urheberecht gekennzeichnet sein. Setzen Sie dafür am besten direkt unter das Bild den Namen des Urhebers mit Copyright. Ein zusätzlicher Bildnachweis im Impressum oder alleinstehend sichert Sie zusätzlich ab.
Kaufen Sie z.B. Bildlizenzen bei diversen Anbietern, schauen Sie dort am besten in die Nutzungsvereinbarung rein. Dort steht wie die Bilder zu Kennzeichen sind. In der Regel sind Bilder mit © und Copyright bei dem Urheber „Max Mustermann" zu kennzeichnen. Bei Bildportalen ist die Kennzeichnung normal „Bildportal - © Copyright Max Mustermann"

Cookie-Hinweis Pflicht

Im November 2009 wurde die EU Richtlinie 2009/136/EG zum Umgang mit Cookies erlassen. Was einfach ausgedrückt bedeutet, jeder der eine Webseite oder Blog betreibt und dort Cookies einsetzt, muss dem Nutzer diese durch einen Cookie-Hinweis kennzeichnen und deren Erlaubnis, um Cookies setzten zu dürfen, einholen sobald der Nutzer die entsprechende Seite das erste Mal öffnet. Nicht nur die EU Richtlinie und die DSGVO fordert diesen Hinweis, sondern auch Google seit Oktober 2015 in Ihren Richtlinien. In der Praxis bedeutet das, Sie informieren Ihre Nutzer darüber das Cookies gesetzt werden und diese mit ok bestätigt werden müssen. Zeitgleich verweisen Sie auf Ihre Datenschutzerklärung. Dies setzen Sie am besten mit dem Wordpress **Plugin Cookie Notice for GDPR** um.

Werbung, Content – Kennzeichnungspflicht

Werbung und Content müssen von dem Nutzer unterschieden werden können. So ist Werbung von normalem Inhalt ganz klar und deutlich zu kennzeichnen. Dazu können Sie einfach ein hoch gesetztes kleines Sternchen hinter einen Link, Beitrag, Anzeige etc. setzten und den Stern in der Fußzeile als Werbung kennzeichnen. Um diese Vorgabe sicher umzusetzen, setzten Sie anstelle des Sternchens oder zusätzlich, einfach das Wort Werbung hochgesetzt in der Schriftgröße 6 – 9 dazu.

Bei Partner Links, den sogenannten Affiliate Links ist es das Gleiche, Sie sollten diese kennzeichnen, um keinen Ärger zu bekommen.

Online-Streitbeilegung

Seit 09.01.2016 sind Online Händler dazu verpflichte auf die Online-Streitbeilegungsplattform (OS) zu verlinken. Dies entsprang der EU Versorgung Nr. 524/2013.

Ein einfacher Satz mit Link, im Impressum, wie folgt reicht dazu aus.
Die Streitbeilegungsplattform erreichen Sie unter folgendem Link www.ec.europa.eu/consumers/odr

Rechtliche Hinweise

Es kann durchaus Sinn machen im Impressum kurz die Rechte von genannten Marken, Produkten und Firmen den jeweiligen Urhebern zuzusprechen und sich von Eigentums Ansprüchen zu distanzieren.

AGB

Verkaufen Sie als Händler im Neben oder Hauptgewerbe etwas auf Ihrer eigene Webseite oder Onlineshop Waren oder Dienstleistungen, ist Allgemeine Geschäftsbedingungen Pflicht. Hier können Sie entweder ein Online Paket für Rechtstexte erwerben und sich die Texte zusammen klicken oder Sie downloaden eine Muster AGB und passen diese eigenständig an.

Batterieverordnung

Verkaufen Sie als Händler im Neben oder Hauptgewerbe etwas auf Ihrer eigene Webseite oder Onlineshop Waren mit Batterien oder Batterien selbst müssen Sie eine gültige Batterieverordnung bereitstellen. Muster gibt es online oder Sie erwerben ein online Paket für Rechtstexte und kopieren diese dort.

Verpackungsverordnung – Müllentsorgung

Laut Verpackungsverordnung Novelle 7 müssen seit dem 01.Janur 2015 alle Händler die Verpackungsmaterial in Umlauf bringen, sich einem Entsorgersystem anschließen. Dies kostet pro 100kg des jeweiligen Verpackungsstoff und kann beim diversen Onlineanbieter abgeschlossen werden z.B. bei

https://www.baehr-verpackung.de/entsorgungsportal/entsorgung_lizenz

Preise und Maßangaben 100g, ml etc.

Werden Produkte in Gewischt oder Liter verkauft muss immer der Preis auf 100g / ml oder 1000g / ml angebenden werden.

Widerrufsrecht, Muster Widerrufserklärung

Als Händler müssen Sie eine Widerrufserklärung und ein Musterwiderrufsformular bereitstellen.

Preise, Versandkosten, Lieferzeiten, Lieferorte, Zahlungsmöglichkeiten

Die Preise müssen immer zzgl. den Versandkosten und Lieferzeiten angeben werden. Es muss hervor gehen ob und wie hoch Versandkosten zu dem Preis dazu kommen. Die Versandkosten und Lieferzeiten, ab Tag des Geldeingangs müssen ausgezeichnet sein. Ebenso müssen Liefergebiete und Zahlungsmöglichkeiten klar definiert sein. Wiesen Sie auf die Datenschutzerklärung der genutzten Zahlungsanbieter und deren AGB hin.

Epilog

Nachwort

Wie Sie jetzt wissen werden, ist die Absicherung einer Wordpress Installation kein Hexenwerk, benötigt nicht zwingend einen IT Profi und ist selbstständig in weniger als 24 Stunden umzusetzen. Man braucht nur dieses Buch, etwas Disziplin und Zeit. Wenn Sie das Buch gewissenhaft durchgearbeitet haben, sollte Ihre Webseite oder Blog zu 99% sicher sein, da es ja bekanntlich keine 100%ige Sicherheit gibt.

Ich hoffe, dass Sie mit den Tipps, aus diesem Buch, alle Problem lösen konnten und auch Spaß bei der Umsetzung hatten. Mir hat das Schreiben des Buches viel Freude bereitet und wenn ich damit anderen helfen kann, ist dies umso erfreulicher für mich.

An dieser Stelle möchte ich mich auch nochmals für Ihre Aufmerksamkeit und das entgegengebrachte Vertrauen bedanken.

Abschließend wünsche ich Ihnen viel Erfolg beim Absichern weiterer Webauftritte und allgemein, natürlich eine erfolgreiche, sowie viel besuchte Internetpräsenz.

Sollte Ihnen dieses Buch gefallen haben, würde ich mich sehr über eine faire Bewertung auf Amazon freuen. Wer weiß eventuell kommt dann noch das ein oder andere Buch mit Insider Tipps für Wordpress raus, es wäre jedenfalls ein großer Motivationsschub für mich.

Hat Ihnen dagegen etwas nicht gefallen, schreiben Sie mich gerne unter der genannten E-Mail Adresse am Buchanfang an, oder über www.heinsebastian.de, dass ich die Möglichkeit habe Ihnen weiter zu helfen und oder das Buch verbessern kann. Niemand ist perfekt oder fehlerfrei, gemeinsam kann man aber ein gutes Ergebnis erzielen. Scheuen Sie sich daher nicht mich zu kontaktieren.

Vielen Dank & Beste Grüße

Sebastian Hein

Eigene Notizen:

Eigene Notizen:

Eigene Notizen:

Eigene Notizen:

Werbung in eigener Sache:

PREPPER Serie Einbruchschutz: Effektiver Einbruchschutz für Häuser, Wohnungen und Grundstücke

Wir leben in einer Zeit in der sich kriminelle Handlungen wie ein Virus immer schneller und weiter ausbreiten. Darunter ist Diebstahl in allen Formen ein großes Problem. Der signifikante Anstieg von Einbrüchen lässt den Staat immer hilfloser erscheinen und die Bürger müssen sich in der Opferrolle einfinden. Um sich und sein Eigentum adäquat schützen zu können wurde dieses Buch geschrieben, kompakt und leicht verständlich. Mit diesem Ratgeber werden Sie die Schwachstellen an Ihrem Objekt erkennen und beseitigen können, ohne Fachfirmen und in eigener Regie. Darüber hinaus werden Tipps und Tricks zum Verstecken Ihrer Wertgegenstände, Verhalten bei einem Einbruch, das Thema freie und verbotene Waffen sowie Jedermannsrechte, wie Notwehr und mehr behandelt.

- **Taschenbuch:**112 Seiten
- **Verlag:** Independently published (25. August 2017)
- **Sprache:**Deutsch
- **ISBN-10:** 1549582526
- **ISBN-13:** 978-1549582523
- **Größe und/oder Gewicht:** 14 x 0,7 x 21,6 cm
- **Bei Amazon erhältlich**

Werbung in eigener Sache:

Prepper, Krisenvorsorge, Survival Guide: Bereit zum Überleben

Was wäre wenn… der Strom ausfällt, die Wasserversorgung ausfällt, die Gasversorgung nicht mehr gewährleistet ist, die Supermärkte geschlossen bleiben, die öffentliche Ordnung nicht mehr sicher gestellt ist, die Kommunikationsmittel wie Telefon und Internet ausfallen, Geld wertlos ist, diese Ereignisse zusammen auftreten? Ist dies unwahrscheinlich, realitätsfremd oder doch eine Verkettung von ineinander greifenden Ereignissen? Würden Sie in solch einer Situation für sich und Ihre Familie sorgen können…? Wenn Sie sich dazu entschlossen haben, sich über dieses Thema zu informieren, vorsorgen möchten, aber nicht wissen wie, wird Ihnen dieses Buch tiefe Einblicke ermöglichen. Dieses Buch beschäftigt sich intensiv mit der präventiven Krisenvorsorge, Selbstversorgung, Überlebenstechniken, Outdoor- sowie Urban Survival und dem Eigenschutz von der Planung bis zur Umsetzung. Lagerhaltung, Vorräte, Wasser, Lebensmittel, Notfall- und Trekkingnahrung, Hygiene, Einbruchschutz, Waffen, Hausverteidigung, Hausbefestigung, Sicherer Ort, Grundstückssicherung, Medizin, Hausapotheke, Antibiotika-Alternativen, Fluchtrucksack, Fluchtfahrzeug, EDC, Kochalternativen, Kommunikation, IFAK, Werkzeuge, Konservieren, Gemüseanbau, Samenbank, ABC-Schutz und vielen weiteren wichtigen Dingen, die zum Überleben essenziell, unabdingbar sind. Wer hier einen klassischen Survival Ratgeber für Wald und Wiesen erwartet wird enttäuscht, soviel schon gleich vorab. Kernthema ist die Krisenvorsorge und das urbane Überleben.

- **Taschenbuch:** 604 Seiten
- **Verlag:** Independently published (23. Januar 2018)
- **Sprache:** Deutsch
- **ISBN-10:** 1976974755
- **ISBN-13:** 978-1976974755
- **Größe und/oder Gewicht:** 17,8 x 3,5 x 25,4 cm
- **Bei Amazon erhältlich** (www.prepper-standardwerk.de)

Printed in Poland
by Amazon Fulfillment
Poland Sp. z o.o., Wrocław

61468155R00116